한자 쓰기 노트

교육용 1800자 + 상용 1200자
한자쓰기의 결정판

한자쓰기
노트 3000

초판 발행	2013년 03월 25일
초판 12쇄	2025년 12월 10일
편저	바른한자사용연구회
발행인	이재현
발행처	리틀씨앤톡
등록일자	2022년 9월 23일
등록번호	제 2022-000106호
ISBN	978-89-6098-191-1 (13710)
주소	경기도 파주시 문발로 405 제2출판단지 활자마을
홈페이지	www.seentalk.co.kr
전화	02-338-0092
팩스	02-338-0097

머리말

　우리가 일상생활속에서 사용하는 한자 어휘는 상상할 수 없을 정도로 많습니다. 즉, 한자를 알면 그 문장이나 단어를 이해하기 쉽다는 것입니다. 뿐만 아니라 대학수학능력시험에서도 한문이 제 2외국어/한문 영역의 한 과목이며 여러 대학교의 입학시험에 한문시험 점수를 반영하고 있으며 한자능력시험의 국가 공인 자격증은 생활기록부와 기타 자격증란에 등재할 수 있게 되었습니다.

　한문이라는 과목은 중학교와 고등학교에서 배우는 여러 과목과 많은 연계성을 가지고 있습니다. 예를 들어 국어 과목에서 배우게 되는 고전 문학 작품이라 든지 혹은 논술 문제라든지 이러한 과목들을 배울 때 한자의 어휘를 알면 더 빠르고 정확하게 이해할 수 있습니다.

　또한 중학교와 고등학교에서 배우는 필수 한자들은 학교를 졸업하고 사회에 진출하면 더욱 유용하게 쓰입니다. 현재도 많은 사람들이 한자능력시험의 자격증을 따기 위해 공부를 하고 있으며 일부 기업에서는 입사 전형, 승진 시험 등에서 한자능력시험의 자격증으로 가산점을 부여하고 있습니다.

　꾸준한 학습과 반복을 통해서 일상생활에서 한자를 활용할 수 있도록 합시다.

　이 책에는 정부에서 정한 중·고등학교 교육용 한자 1800자와 상용한자 1200자, 해당 한자의 필순 등을 가나다순으로 실어 한자를 쉽게 빠르게 익힐 수 있도록 하였습니다. 각 페이지에는 중·고등학교 과정에서 꼭 익혀야 고사성어도 함께 실어 알차게 공부할 수 있도록 하였습니다.

　꾸준한 학습과 반복을 통하여 일상생활에서 한자를 활용할 수 있도록 합시다.

漢字의 結構法(글자를 꾸미는 법)

◇ 漢字의 結構는 대체적으로 다음 여덟 가지로 나눌 수 있다.

扁旁 변방	冠관 쌈답	垂 수	構 구	繞 요	單獨 단독

	설명	예				
扁	작은 扁을 위로 붙여쓴다.	時	唯	絹	堤	端
	다음과 같은 변은 길게 쓰고, 오른쪽을 가지런히 하며, 몸(旁)에 비해 약간 작게 양보하여 쓴다.	係	防	科	陳	號
		般	諸	婦	賦	精
旁	몸(旁)은 변에 닿지 않도록 한다.	飮	務	服	視	敎
冠	위를 길게 해야 될 머리.	等	苗	옆으로 길게 해야 될 머리. 富		雲
쌈	받침 구실을 하는 글자는 옆으로 넓혀 안정되도록 쓴다.	魚	忠	愛	益	醫
垂	윗몸을 왼편으로 삐치는 글자는 아랫 부분을 조금 오른쪽으로 내어 쓴다.	府	庭	虎	原	屋
構	바깥과 안으로 된 글자는 바깥의 품을 넉넉하게 하고 안에 들어가는 부분의 공간을 알맞게 분할하여 주위에 닿지 않도록 쓴다.	國	園	圓	圖	團
		向	門	問	間	聞
繞	走 는 먼저 쓰고 起 辶廴 는 나중에 쓰며, 대략 네모가 되도록 쓴다.	起	辶廴			進

가 ～ 가

고사성어

苛斂誅求(가렴주구) : 조세등을 가혹하게 징수하고 강제로 청구하여 국민을 괴롭히는 일.

加	더할 가							
可	옳을 가							
佳	아름다울 가							
架	시렁 가							
家	집 가							
街	거리 가							
假	거짓 가							
暇	겨를 가							
歌	노래 가							
價	값 가							
嘉	아름다울 가							
駕	수레 가							
嫁	시집갈 가							
苛	가혹할 가							
迦	부처 가							

가 ~ 간

고사성어
刻骨難忘(각골난망) : 은혜를 마음속 깊이 새겨 잊지 않음.
各自圖生(각자도생) : 제각기 다른 자기 생활을 도모함.

訶	꾸짖을 가							訶
稼	농사 가							稼
各	각각 각							各
角	뿔 각							角
却	물리칠 각							却
刻	새길 각							刻
脚	다리 각							脚
閣	누각 각							閣
覺	깨달을 각							覺
干	방패 간							干
刊	펴낼 간							刊
肝	간 간							肝
看	볼 간							看
間	사이 간							間
姦	간사할 간							姦

| 간 ~ 갈 | 고사성어 | 刻舟求劍(각주구검) : 판단력이 둔하여 세상일에 어둡고 어리석음을 이르는 말. |

幹	줄기 간								
簡	간략할 간								
懇	간절할 간								
諫	간할 간								
奸	간음할 간								
墾	개간할 간								
艱	어려울 간								
竿	장대 간								
揀	가릴 간								
澗	산수 간								
渴	목마를 갈								
葛	칡 갈								
竭	다할 갈								
羯	종족 갈								
喝	꾸짖을 갈								

감 ~ 강	고사성어

甘言利說(감언이설) : 남에게 비위를 맞혀 달콤한 말과 이로운 조건을 거짓으로 붙여 꾀는 말.

甘	달 감							
敢	구태여 감							
減	덜 감							
感	느낄 감							
監	감독할 감							
鑑	살필 감							
憾	한할 감							
堪	견딜 감							
疳	감질 감							
勘	헤아릴 감							
瞰	볼 감							
甲	갑옷 갑							
胛	어깨뼈 갑							
匣	궤 갑							
強	강 강							

강 ~ 개		고사성어	改過遷善(개과천선) : 잘못된 점을 고치어 착하게 됨. 蓋世之才(개세지재) : 세상을 수월히 다스릴 만한 뛰어난 재기(才氣).

江	강 강								
降	내릴 강								
剛	굳셀 강								
康	편안할 강								
綱	벼리 강								
鋼	강철 강								
講	강론할 강								
姜	성 강								
腔	속빌 강								
糠	쌀겨 강								
改	고칠 개								
介	낄 개								
皆	모두 개								
個	낱 개								
開	열 개								

| 개 ~ 거 | 고사성어 | 乾坤一擲(건곤일척) : 운명과 흥망을 걸고 한 판으로 승부나 성패를 겨룸. |

蓋	덮을 개							
概	대개 개							
慨	분할 개							
凱	개선할 개							
漑	물댈 개							
丐	빌 개							
芥	겨자 개							
客	손 객							
更	다시 갱							
坑	구덩이 갱							
巨	클 거							
去	갈 거							
車	수레 거							
拒	막을 거							
居	살 거							

거 ~ 걸

고사성어 牽强附會(견강부회) : 이론이나 이유 등을 자기 쪽이 유리하도록 끌어 붙임.

距	떨어질 거							
據	의거할 거							
擧	들 거							
倨	거만할 거							
渠	개천 거							
鋸	톱 거							
件	사건 건							
建	세울 건							
健	굳셀 건							
乾	하늘 건							
鍵	자물쇠 건							
虔	정성 건							
巾	수건 건							
傑	호걸 걸							
桀	사나울 걸							

걸 ~ 격

고사성어 見利思義(견리사의) : 눈앞에 이익이 보일 때만 의리를 생각하는 것.

漢字	뜻·음							
乞	구걸 걸							
劍	칼 검							
儉	검소할 검							
檢	검사할 검							
黔	검을 검							
劫	겁탈할 겁							
怯	겁낼 겁							
憩	쉴 게							
揭	높이들 게							
格	법식 격							
擊	칠 격							
激	격동할 격							
隔	막힐 격							
膈	흉격 격							
檄	격문 격							

견 ~ 결		고사성어	犬馬之勞(견마지로) : 나라에 충성을 다해 애쓰는 노력. 見物生心(견물생심) : 물건을 보고 욕심이 생김.

犬	개 견							
見	볼 견							
肩	어깨 견							
堅	굳을 견							
絹	비단 견							
遣	보낼 견							
鵑	두견 견							
譴	꾸짖을 견							
牽	끌 견							
決	정할 결							
缺	이즈러질 결							
結	맺을 결							
訣	이별할 결							
潔	깨끗할 결							
抉	도려낼 결							

겸 ~ 경

 見危授命(견위수명) : 재물이나 나라가 위태로울 때 목숨을 아끼지 않고 나라를 위하여 싸움.

兼	겸할 겸	兼						兼
謙	겸손할 겸	謙						謙
鎌	낫 겸	鎌						鎌
京	서울 경	京						京
庚	천간 경	庚						庚
耕	밭갈 경	耕						耕
竟	마침내 경	竟						竟
景	볕 경	景						景
頃	때 경	頃						頃
徑	지름길 경	徑						徑
敬	공경 경	敬						敬
硬	굳을 경	硬						硬
傾	기울 경	傾						傾
經	경서 경	經						經
卿	벼슬 경	卿						卿

경 ~ 계		고사성어	結草報恩(결초보은) : 죽어서 혼령이 되어도 그 은혜를 잊지 않고 갚는다는 말.							
境	지경　　경									境	
鏡	거울　　경									鏡	
輕	가벼울　경									輕	
慶	경사　　경									慶	
警	경계할　경									警	
驚	놀랄　　경									驚	
競	다툴　　경									競	
勁	굳셀　　경									勁	
逕	통할　　경									逕	
憬	깨달을　경									憬	
頸	목　　　경									頸	
鯨	고래　　경									鯨	
坰	들　　　경									坰	
系	이을　　계									系	
戒	경계할　계									戒	

계 ~ 계

고사성어

謙讓之德(겸양지덕) : 겸손하고 사양하는 아름다운 덕성.
輕擧妄動(경거망동) : 경솔하고 망녕된 행동.

界	지경	계
癸	천간	계
契	맺을	계
係	맬	계
計	셈할	계
桂	계수	계
階	섬돌	계
啓	열	계
械	기계	계
溪	시내	계
季	철	계
繫	맬	계
鷄	닭	계
繼	이을	계
磬	경쇠	경

계 ～ 고	고사성어	傾國之色(경국지색) : 군왕이 혹하여 나라가 뒤집혀도 모를 만한 미인. 곧 나라 안에 으뜸가는 미인. (비) 傾城之美(경성지미).

稽	생각할 계						
誠	경계할 계						
悸	두근거릴 계						
高	높을 고						
告	고할 고						
考	상고할 고						
固	굳을 고						
古	옛 고						
苦	괴로울 고						
故	연고 고						
姑	시어미 고						
枯	마를 고						
孤	외로울 고						
庫	창고 고						
雇	더부살이 고						

고 ~ 곡	고사성어	敬而遠之(경이원지) : ① 겉으로는 공경하는 척하나 속으로는 멀리함. ② 존경하기는 하되 가까이하지는 아니함. (준) 敬遠(경원).

稿	볏짚 고								
鼓	북 고								
顧	돌아볼 고								
錮	땜질할 고								
拷	두드릴 고								
沽	팔 고								
觚	술잔 고								
誥	깨우칠 고								
羔	양새끼 고								
罟	그물 고								
鵠	과녁 곡								
曲	굽을 곡								
谷	골 곡								
哭	울 곡								
穀	곡식 곡								

곤 ~ 공	고사성어	鷄口牛後(계구우후) : 닭의 부리와 소의 꼬리라는 말로, 큰 단체의 꼴찌보다는 작은 단체의 우두머리가 되라는 뜻.

困	곤할 곤	困						困
坤	땅 곤	坤						坤
昆	맏 곤	昆						昆
棍	몽둥이 곤	棍						棍
骨	뼈 골	骨						骨
滑	어지러울 골	滑						滑
工	장인 공	工						工
孔	구멍 공	孔						孔
公	공변될 공	公						公
功	공 공	功						功
共	함께 공	共						共
攻	칠 공	攻						攻
供	이바지 공	供						供
空	하늘 공	空						空
貢	바칠 공	貢						貢

공 ～ 과	고사성어	鷄卵有骨(계란유골) : 달걀에도 뼈가 있다는 뜻으로, 공교롭게 일이 방해됨을 이르는 말.

恭	공손할 공							恭
恐	두려울 공							恐
控	당길 공							控
拱	팔장낄 공							拱
鞏	굳을 공							鞏
戈	창 과							戈
瓜	오이 과							瓜
果	과실 과							果
科	과목 과							科
過	지날 과							過
誇	자랑할 과							誇
課	매길 과							課
寡	적을 과							寡
菓	과자 과							菓
夥	많을 과							夥

과 ~ 관

漢字	訓	音
顆	알	과
郭	성	곽
廓	둘레	곽
官	벼슬	관
冠	갓	관
貫	꿰일	관
寬	관용	관
管	대롱	관
慣	익숙할	관
關	빗장	관
觀	볼	관
館	집	관
灌	물댈	관
罐	두레박	관
款	정성	관

관 ~ 괴

高峰峻嶺(고봉준령) : 높이 솟은 산봉우리와 험준한 산마루.
孤掌難鳴(고장난명) : 「외손뼉이 우랴」라는 뜻으로 혼자힘으로는 일이 잘 안됨을 비유하는 말.

棺	관　　관							
刮	비빌　　괄							
括	쌀　　괄							
光	빛　　광							
廣	넓을　　광							
鑛	쇳덩이　　광							
狂	미칠　　광							
曠	빌　　광							
胱	방광　　광							
匡	바룰　　광							
掛	걸　　괘							
卦	점괘　　괘							
怪	괴이할　　괴							
愧	부끄러울　　괴							
塊	흙덩이　　괴							

괴 ~ 교

고사성어

苦盡甘來(고진감래) : 쓴 것이 다하면 단것이 온다는 고사로써 곧 고생이 끝나면 영화가 온다는 말. (반) 興盡悲來(홍진비래).

壞	무너질 괴						壞
拐	유인할 괴						拐
傀	허수아비 괴						傀
魁	우두머리 괴						魁
交	사귈 교						交
巧	공교할 교						巧
郊	들 교						郊
校	학교 교						校
教	가르칠 교						教
較	비교할 교						較
橋	다리 교						橋
矯	바로잡을 교						矯
僑	객지 교						僑
嬌	아리따울 교						嬌
驕	교만할 교						驕

교 ~ 구

骨肉相爭(골육상쟁) : 뼈와 살이 서로 싸운다는 말로 동족끼리 서로 싸움을 비유함.

漢字	訓·音
狡	교활할 교
攪	어지러울 교
姣	아름다울 교
絞	목맬 교
膠	아교 교
九	아홉 구
口	입 구
久	오랠 구
丘	언덕 구
求	구할 구
究	궁구할 구
句	글귀 구
拘	잡을 구
狗	개 구
苟	구차할 구

구 ~ 구

고사성어   公卿大夫(공경대부) : 삼공(三公)과 구경(九卿) 등 벼슬이 높은 사람들.

具	갖출 구							具	
俱	함께 구							俱	
救	구원할 구							救	
球	구슬 구							球	
構	얽을 구							構	
舊	옛 구							舊	
龜	거북 구							龜	
懼	두려울 구							懼	
區	구역 구							區	
驅	몰 구							驅	
鷗	갈매기 구							鷗	
崛	험할 구							崛	
毆	때릴 구							毆	
歐	토할 구							歐	
購	살 구							購	

구 ~ 군

고사성어 誇大妄想(과대망상) : 자기의 능력·지위 등을 과대하게 평가하여 사실인 것처럼 믿는 것.

軀	몸	구
咎	허물	구
寇	도둑	구
灸	구울	구
仇	원수	구
謳	노래할	구
嘔	토할	구
詬	꾸짖을	구
局	판	국
國	나라	국
菊	국화	국
鞠	기를	국
君	임금	군
郡	고을	군
群	무리	군

군 ~ 권	고사성어	過猶不及(과유불급) : 어떤 사물이 정도를 지나침은 도리어 미치지 못한 것과 같다는 말.

軍	군사　　군						軍
裙	치마　　군						裙
屈	굽을　　굴						屈
窟	굴　　　굴						窟
掘	팔　　　굴						掘
宮	궁궐　　궁						宮
弓	활　　　궁						弓
窮	궁할　　궁						窮
躬	몸　　　궁						躬
券	문서　　권						券
卷	책　　　권						卷
拳	주먹　　권						拳
勸	권할　　권						勸
權	권세　　권						權
倦	게으를　권						倦

권 ~ 규

고사성어

巧言令色(교언영색) : 남의 환심(歡心)을 사기 위하여 아첨하는 교묘한 말과 보기 좋게 꾸미는 얼굴빛.

漢字	訓·音							
圈	둘레 권							
眷	돌아볼 권							
厥	그 궐							
蹶	넘어질 궐							
闕	대궐 궐							
潰	무너질 궤							
詭	속일 궤							
軌	굴대 궤							
几	안석 궤							
饋	진지올릴 궤							
鬼	귀신 귀							
貴	귀할 귀							
歸	돌아올 귀							
規	법 규							
閨	안방 규							

규 ~ 근

고사성어
九曲肝腸(구곡간장) : 굽이굽이 사무치는 애타는 마음 속.
救國干城(구국간성) : 나라를 위기에서 구하고 지키려는 믿음직한 군인이나 인물.

叫	부르짖을 규							
糾	살필 규							
均	고를 균							
菌	버섯 균							
克	이길 극							
極	지극할 극							
劇	심할 극							
剋	찌를 극							
戟	갈라진창 극							
棘	가시나무 극							
斤	근 근							
近	가까울 근							
根	뿌리 근							
筋	힘줄 근							
僅	겨우 근							

근 ~ 급

漢字	訓音							
勤	부지런할 근							
謹	삼갈 근							
懃	은근할 근							
槿	무궁화 근							
饉	흉년들 근							
今	이제 금							
金	쇠 금							
禁	금할 금							
琴	거문고 금							
禽	날짐승 금							
錦	비단 금							
衾	이불 금							
襟	옷깃 금							
衿	옷깃 금							
急	급할 급							

급 ~ 기

고사성어 九牛一毛(구우일모) : 아홉 마리의 소에 한 가닥의 털이란 뜻으로, 썩많은 가운데의 극히 적은 것을 비유하는 말.

及	미칠 급
給	줄 급
級	등급 급
扱	취급할 급
汲	물길을 급
肯	즐길 긍
矜	자랑할 긍
己	몸 기
紀	기강 기
忌	꺼릴 기
記	기록할 기
技	재주 기
氣	기운 기
豈	어찌 기
飢	주릴 기

기 ~ 기	고사성어	九折羊腸(구절양장) : 세상일이 매우 복잡하여 살아가기가 어려움을 비유하는 말.

其 그 기
基 터 기
期 기약 기
欺 속일 기
旗 깃발 기
企 꾀할 기
祈 빌 기
奇 기이할 기
寄 붙을 기
騎 말탈 기
旣 이미 기
幾 몇 기
機 틀 기
畿 경기 기
起 일어날 기

기 ~ 기	고사성어

群鷄一鶴(군계일학) : 많은 닭 중에서 한 마리 학이라는 뜻으로 곧 많은 사람 중 가장 뛰어난 인물을 말함.

漢字	訓音
棄	버릴 기
器	그릇 기
崎	산세험할 기
棋	바둑 기
杞	구기자 기
岐	가닥나눌 기
嗜	즐길 기
冀	바랄 기
羈	굴레 기
汽	김 기
妓	기생 기
覬	넘겨다볼 기
麒	기린 기
饑	주릴 기
驥	천리마 기

긱 ～ 내	고사성어

車令泰山(군령태산) : 군대의 명령은 태산같이 무거움.
群雄割據(군웅할거) : 많은 영웅들이 지역을 갈라서 자리잡고 서로의 세력을 다툼.

漢字	訓音							
喫	마실 끽	喫						喫
緊	긴요할 긴	緊						緊
吉	길할 길	吉						吉
那	어찌 나	那						那
懦	약할 나	懦						懦
諾	허락 낙	諾						諾
暖	따뜻할 난	暖						暖
難	어려울 난	難						難
捺	누를 날	捺						捺
男	사내 남	男						男
南	남녘 남	南						南
納	들일 납	納						納
囊	주머니 낭	囊						囊
乃	이에 내	乃						乃
內	안 내	內						內

내 ~ 농	고사성어	權謀術數(권모술수) : 그때 그때의 상황에 따라 변통성 있게 둘러 맞추는 모략이나 수단.

奈 어찌 내
耐 견딜 내
女 계집 녀
年 해 년
念 생각 념
捻 비틀 념
寧 편안할 녕
嚀 정녕 녕
獰 모질 녕
奴 종 노
努 힘쓸 노
怒 성낼 노
農 농사 농
濃 짙을 농
膿 고름 농

뇌 ~ 단	고사성어	勸善懲惡(권선징악) : 착한 행실을 권장하고 나쁜 행실을 징계함.						
惱	번뇌할 뇌	惱						惱
腦	머릿골 뇌	腦						腦
尿	오줌 뇨	尿						尿
紐	맬 뉴	紐						紐
能	능할 능	能						能
泥	진흙 니	泥						泥
尼	여승 니	尼						尼
搦	빠질 닉	搦						搦
茶	차 다	茶						茶
多	많을 다	多						多
丹	붉을 단	丹						丹
旦	아침 단	旦						旦
但	다만 단	但						但
段	층계 단	段						段
短	짧을 단	短						短

단 ~ 담

고사성어　捲土重來(권토중래) : 한 번 패하였다가 세력을 회복하여 다시 처 들어옴.

單	단위　단							
端	끝　단							
團	둥글　단							
壇	단　단							
檀	박달나무　단							
斷	끊을　단							
蛋	새알　단							
鍛	단련할　단							
緞	비단　단							
達	통달할　달							
撻	매질할　달							
淡	맑을　담							
談	말씀　담							
潭	못　담							
擔	질　담							

담 ~ 대

고사성어 近墨者黑(근묵자흑) : 먹을 가까이하면 검어진다는 고사로, 악한 이에게 가까이 하면 악에 물들기 쉽다는 말.

曇	날흐릴 담								
膽	쓸개 담								
憺	편안할 담								
答	대답할 답								
畓	논 답								
踏	밟을 답								
當	마땅할 당								
堂	집 당								
唐	당나라 당								
糖	엿 당								
黨	무리 당								
撞	칠 당								
塘	못 당								
棠	아가위 당								
大	큰 대								

대 ~ 도

金科玉條(금과옥조) : 아주 귀중한 법칙이나 규범.
錦上添花(금상첨화) : 비단 위에 꽃을 더함. 곧 좋은 일에 더 좋은 일이 겹침. (반) 雪上加霜(설상가상).

代	대신할	대
待	기다릴	대
帶	띠	대
貸	빌릴	대
隊	떼	대
對	대할	대
臺	대	대
擡	들	대
垈	터	대
戴	일	대
德	큰	덕
刀	칼	도
陶	질그릇	도
到	이를	도
倒	넘어질	도

도 ~ 도	고사성어	今石之感(금석지감) : 지금과 예전을 비교하여 받는 느낌. 金石之交(금석지교) : 쇠나 돌과 같이 굳은 교제.

度	법　　도						
渡	건널　도						
途	길　　도						
道	길　　도						
導	이끌　도						
挑	돋을　도						
桃	복숭아　도						
逃	달아날　도						
跳	뛸　　도						
都	도읍　도						
島	섬　　도						
圖	그림　도						
稻	벼　　도						
盜	도둑　도						
徒	무리　도						

도 ~ 독		**고사성어**	金城鐵壁(금성철벽) : 경비가 매우 견고한 성벽. 錦衣還鄉(금의환향) : 타지에서 성공하여 자기 고향으로 돌아감.

濤	큰물결	도
禱	빌	도
屠	죽일	도
堵	담	도
賭	도박	도
淘	일	도
鍍	도금할	도
悼	슬퍼할	도
蹈	밟을	도
塗	바를	도
掉	흔들	도
覩	볼	도
萄	포도	도
搗	찧을	도
毒	독할	독

독 ~ 동

고사성어
金枝玉葉(금지옥엽) : 귀엽게 키우는 보물 같은 자식.
奇岩怪石(기암괴석) : 기이하고 괴상한 바위와 돌.

督	감독할 독	督						督	
獨	홀로 독	獨						獨	
篤	두터울 독	篤						篤	
讀	읽을 독	讀						読	
瀆	더럽힐 독	瀆						涜	
犢	송아지 독	犢						犢	
豚	돼지 돈	豚						豚	
敦	두터울 돈	敦						敦	
頓	조아릴 돈	頓						頓	
沌	혼탁할 돈	沌						沌	
暾	아침해 돈	暾						暾	
突	부딪칠 돌	突						突	
冬	겨울 동	冬						冬	
童	아이 동	童						童	
動	움직일 동	動						動	

동 ~ 두

漢字	訓音							
同	한가지 동							
洞	고을 동							
桐	오동 동							
銅	구리 동							
東	동녘 동							
凍	얼 동							
棟	마룻대 동							
憧	동경할 동							
僮	하인 동							
瞳	눈동자 동							
斗	말 두							
杜	아가위 두							
豆	콩 두							
頭	머리 두							
痘	마마 두							

둔 ~ 라	고사성어	論功行賞(논공행상) : 세운만큼의 공을 논정(論定)하여 상을 줌.

鈍	무딜 둔	鈍						鈍	
屯	모일 둔	屯						屯	
遁	달아날 둔	遁						遁	
得	얻을 득	得						得	
等	무리 등	等						等	
登	오를 등	登						登	
燈	등잔 등	燈						燈	
謄	베낄 등	謄						謄	
藤	등나무 등	藤						藤	
騰	오를 등	騰						騰	
羅	그물 라	羅						羅	
裸	벌거숭이 라	裸						裸	
懶	게으를 라	懶						懶	
喇	나팔 라	喇						喇	
螺	소라 라	螺						螺	

락 ~ 람	고사성어	弄假成眞(농가성진) : 장난삼아 한 것이 참으로 사실이 됨. (등) 假弄成眞(가롱성진).

樂	즐길 락							樂
落	떨어질 락							落
洛	물이름 락							洛
烙	지질 락							烙
絡	연락할 락							絡
駱	낙타 락							駱
卵	알 란							卵
亂	어지러울 란							亂
蘭	난초 란							蘭
欄	난간 란							欄
爛	빛날 란							爛
瀾	큰물결 란							瀾
辣	매울 랄							辣
剌	어그러질 랄							剌
覽	볼 람							覽

람 ~ 랭	고사성어	累卵之勢(누란지세) : 쌓여 있는 알처럼 매우 위태로운 형세.

濫	넘칠 람						濫
藍	푸를 람						藍
籃	바구니 람						籃
襤	남루할 람						襤
嵐	산기운 람						嵐
攬	가질 람						攬
拉	끌고갈 랍						拉
郎	사내 랑						郎
浪	물결 랑						浪
朗	밝을 랑						朗
廊	행랑 랑						廊
狼	이리 랑						狼
娘	각시 랑						娘
來	올 래						來
冷	찰 랭						冷

락 ~ 려	고사성어	多崎亡羊(다기망양) : ① 학문의 길이 여러 갈래로 퍼졌으면 진리를 얻기 어려움. ② 방침(方針)이 너무 많으면 도리어 갈 바를 모름.

掠	노략질 략						
略	간략할 략						
良	어질 량						
兩	둘 량						
凉	서늘할 량						
梁	들보 량						
量	헤아릴 량						
諒	양해할 량						
糧	양식 량						
輛	수레 량						
亮	밝을 량						
樑	들보 량						
旅	나그네 려						
慮	생각할 려						
勵	힘쓸 려						

| 려 ~ 련 | | 고사성어 | 單刀直入(단도직입) : 너절한 서두를 생략하고 요점이나 본 문제를 간단명료하게 말함. |

麗	고울　려	麗						麗
呂	음률　려	呂						呂
侶	짝　려	侶						侶
黎	검을　려	黎						黎
儷	짝　려	儷						儷
櫚	종려나무　려	櫚						櫚
戾	어그러질　려	戾						戾
力	힘　력	力						力
曆	책력　력	曆						曆
歷	지낼　력	歷						歷
瀝	거를　력	瀝						瀝
轢	치일　력	轢						轢
靂	벼락　력	靂						靂
礫	조약돌　력	礫						礫
連	이을　련	連						連

| 련 ~ 렴 | 고사성어 | 丹脣皓齒(단순호치) : 붉은 입술과 하얀 이. 곧 아름다운 여자의 얼굴을 말함. |

蓮	연꽃 련
練	익힐 련
鍊	단련할 련
聯	연합할 련
憐	가엾을 련
戀	사모할 련
揀	가릴 련
煉	쇠불릴 련
列	벌일 렬
烈	매울 렬
裂	찢을 렬
劣	용렬할 렬
冽	맵게찰 렬
廉	청렴할 렴
斂	거둘 렴

렵 ~ 례	고사성어	大器晚成(대기만성) : 크게 될 사람은 늦게 이루어진다는 뜻.

한자	훈음
獵	사냥할 렵
令	명령할 령
零	떨어질 령
領	거느릴 령
嶺	재 령
靈	신령 령
伶	영리할 령
玲	옥소리 령
齡	나이 령
泠	깨우칠 령
囹	감옥 령
鈴	방울 령
禮	예도 례
例	법식 례
隸	종 례

로 ~ 론	고사성어	獨不將軍(독불장군) : ① 홀로 목적을 달성하려는 외로운 사람. ② 혼자서는 장군이 못 된다는 뜻으로, 남과 협조하여야 한다는 말.

한자	훈·음								
老	늙을 로							老	
勞	수고할 로							勞	
路	길 로							路	
露	이슬 로							露	
爐	화로 로							爐	
撈	건져낼 로							撈	
魯	둔할 로							魯	
擄	노략질 로							擄	
鹵	짠땅 로							鹵	
鷺	해오라기 로							鷺	
鹿	사슴 록							鹿	
祿	녹 록							祿	
綠	초록빛 록							綠	
錄	기록할 록							錄	
論	의논할 론							論	

롱 ~ 루

한자	훈음
弄	희롱할 롱
瓏	환할 롱
聾	귀먹을 롱
籠	농 롱
朧	달빛 롱
雷	우뢰 뢰
賴	의지할 뢰
賂	뇌물 뢰
了	마칠 료
料	헤아릴 료
僚	동료 료
療	병고칠 료
瞭	밝을 료
累	포갤 루
淚	눈물 루

루 ~ 류	고사성어

同苦同樂(동고동락) : 고통과 즐거움을 함께 함.
東問西答(동문서답) : 묻는 말에 아주 딴판인 엉뚱한 대답.

樓	다락 루								
屢	여러 루								
漏	샐 루								
褸	남루할 루								
陋	더러울 루								
壘	진 루								
髏	해골 루								
流	흐를 류								
柳	버들 류								
留	머무를 류								
類	무리 류								
硫	유황 류								
謬	그릇될 류								
繆	어그러질 류								
榴	석류 류								

류 ~ 리

고사성어

同病相憐(동병상련) : 같은 병을 앓는 사람끼리 서로 가엾게 여긴다는 뜻으로 처지가 비슷한 사람끼리 서로 도우며 위로하는 것.

溜	물방울 류						
六	여섯 륙						
陸	뭍 륙						
戮	죽일 륙						
倫	인륜 륜						
輪	바퀴 륜						
淪	빠질 륜						
律	법 률						
栗	밤 률						
率	비율 률						
慄	두려울 률						
隆	성할 륭						
陵	무덤 릉						
凌	능가할 릉						
李	오얏 리						

리 ~ 린	고사성어	同床異夢(동상이몽) : 같은 잠자리에서 다른 꿈. 곧 겉으로는 행동이 같으면서 속으로는 딴 생각을 가진다는 뜻.

한자	훈·음							
履	밟을 리							
吏	관리 리							
離	떠날 리							
利	이로울 리							
梨	배 리							
里	마을 리							
理	이치 리							
裏	속 리							
裡	속 리							
罹	걸릴 리							
貍	삵괭이 리							
俚	속될 리							
痢	이질 리							
漓	물스밀 리							
隣	이웃 린							

린 ~ 마	고사성어	杜門不出(두문불출) : 집안에서만 있고 밖에는 나가지 않음. 燈下不明(등하불명) : 등잔 밑이 어둡다는 뜻으로, 가까이 있는 것을 도리어 알아내기 어렵다는 말.

燐	도깨비불 린							燐	
鱗	비늘 린							鱗	
躪	짓밟을 린							躪	
麟	기린 린							麟	
林	수풀 림							林	
臨	임할 림							臨	
淋	축축할 림							淋	
痳	임질 림							痳	
霖	장마 림							霖	
立	설 립							立	
粒	낟알 립							粒	
笠	삿갓 립							笠	
馬	말 마							馬	
麻	삼 마							麻	
磨	갈 마							磨	

마 ~ 만

고사성어 　燈火可親(등화가친) : 가을밤은 서늘하여 등불을 가까이 두고 글 읽기에 좋다는 말.

摩	문지를	마						
魔	마귀	마						
莫	없을	막						
漠	사막	막						
幕	장막	막						
寞	고요할	막						
膜	꺼풀	막						
萬	일만	만						
晚	늦을	만						
漫	부질없을	만						
慢	거만할	만						
滿	찰	만						
灣	물굽이	만						
蠻	오랑캐	만						
瞞	속일	만						

만 ~ 망

漢字	訓音							
蔓	넝쿨 만							
娩	해산할 만							
挽	당길 만							
懣	번민할 만							
輓	수레끌 만							
饅	만두 만							
末	끝 말							
抹	바를 말							
沫	거품 말							
亡	망할 망							
忘	잊을 망							
妄	망령될 망							
忙	바쁠 망							
茫	망망할 망							
望	바랄 망							

망 ~ 매	고사성어	萬端說話(만단설화) : 모든 온갖 이야기. 萬事休矣(만사휴의) : 모든 방법이 헛되게 됨.

	뜻·음							
罔	없을 망							
網	그물 망							
惘	실심할 망							
每	매양 매							
梅	매화 매							
妹	누이 매							
媒	중매 매							
賣	팔 매							
買	살 매							
埋	묻을 매							
昧	어두울 매							
魅	도깨비 매							
煤	그을음 매							
枚	낱 매							
邁	갈 매							

매 ～ 멸

고사성어	滿山遍野(만산편야) : 산과 들에 가득 차서 뒤덮여 있음. 滿山紅葉(만산홍엽) : 단풍이 들어 가득차서 온 산이 붉은 잎으로 뒤덮임.

寐	잘 매							
罵	욕할 매							
麥	보리 맥							
脈	맥 맥							
盲	소경 맹							
盟	맹세할 맹							
孟	맏 맹							
猛	사나울 맹							
氓	백성 맹							
免	면할 면							
面	낯 면							
勉	힘쓸 면							
眠	잠잘 면							
綿	솜 면							
滅	멸할 멸							

멸 ~ 모

한자	훈음							
蔑	업신여길 멸							
名	이름 명							
命	목숨 명							
明	밝을 명							
冥	어두울 명							
鳴	울 명							
銘	새길 명							
溟	바다 명							
瞑	눈감을 명							
毛	털 모							
母	어미 모							
矛	창 모							
某	아무 모							
謀	꾀할 모							
貌	모양 모							

모 ~ 목	고사성어	面從腹背(면종복배) : 겉으로는 따르는 척하나 마음속으로는 싫어함.

한자	훈음								
募	뽑을 모							募	
暮	저물 모							暮	
慕	사모할 모							慕	
模	법 모							模	
耗	덜릴 모							耗	
牟	보리 모							牟	
冒	무릅쓸 모							冒	
侮	업신여길 모							侮	
帽	모자 모							帽	
茅	띠 모							茅	
摸	더듬을 모							摸	
目	눈 목							目	
木	나무 목							木	
沐	머리감을 목							沐	
牧	기를 목							牧	

목 ~ 무	고사성어	明鏡止水(명경지수) : ① 맑은 거울과 같이 잔잔한 물. ② 잡념이 없이 아주 맑고 깨끗한 마음.

한자	훈음								
睦	화목할 목								
沒	빠질 몰								
夢	꿈 몽								
蒙	어릴 몽								
朦	달빛 몽								
卯	토끼 묘								
妙	묘할 묘								
苗	싹 묘								
墓	무덤 묘								
廟	사당 묘								
描	그릴 묘								
渺	아득할 묘								
戊	천간 무								
茂	무성할 무								
武	호반 무								

무 ~ 문	고사성어	名實相符(명실상부) : 명명함과 실상이 서로 들어맞음. (반) 名實相反(명실상반).

務	힘쓸 무							務
霧	안개 무							霧
貿	무역할 무							貿
舞	춤출 무							舞
無	없을 무							無
撫	어루만질 무							撫
巫	무당 무							巫
誣	속일 무							誣
墨	먹 묵							墨
黙	잠잠할 묵							黙
文	글월 문							文
門	문 문							門
問	물을 문							問
聞	들을 문							聞
紊	어지러울 문							紊

문 ~ 미	고사성어	名若觀火(명약관화) : 불을 보는 것처럼 확실함. 곧 더말할 나위 없이 명백함.

蚊	모기 문								
紋	무늬 문								
物	만물 물								
勿	말 물								
未	아닐 미								
味	맛 미								
米	쌀 미								
美	아름다울 미								
尾	꼬리 미								
眉	눈썹 미								
迷	미혹할 미								
微	작을 미								
薇	장미 미								
彌	두루 미								
糜	죽 미								

미 ~ 박	고사성어	目不識丁(목불식정) : 一字無識(일자무식). 目不忍見(목불인견) : 딱하고 가엾어 차마 눈으로 볼수 없음. 또는 그러한 참상.

靡	쓸어질 미	靡						靡	
媚	아첨할 미	媚						媚	
民	백성 민	民						民	
敏	민첩할 민	敏						敏	
憫	불쌍할 민	憫						憫	
悶	번민할 민	悶						悶	
閔	민망할 민	閔						閔	
珉	옥돌 민	珉						珉	
泯	빠질 민	泯						泯	
愍	불쌍할 민	愍						愍	
密	빽빽할 밀	密						密	
蜜	꿀 밀	蜜						蜜	
泊	고요할 박	泊						泊	
拍	칠 박	拍						拍	
迫	핍박할 박	迫						迫	

박 ~ 반	고사성어	
	無不通知(무불통지) : 정통하여 모르는 것이 없음.	
	無所不能(무소불능) : 가능하지 않은 것이 없음.	
	無爲徒食(무위도식) : 하는 일 없이 먹고 놀기만 함.	

朴	순박할 박
博	넓을 박
薄	엷을 박
舶	큰배 박
搏	칠 박
縛	묶을 박
撲	두드릴 박
駁	얼룩말 박
箔	발 박
珀	호박 박
剝	벗길 박
粕	지게미 박
反	돌이킬 반
般	일반 반
盤	쟁반 반

| 반 ~ 발 | 고사성어 | 聞一知十(문일지십) : 한 마디를 듣고 열 가지를 미루어 앎. 곧 총명하고 지혜로움을 이르는 말. |

班	나눌 반								
返	돌아올 반								
叛	배반할 반								
飯	밥 반								
半	반 반								
伴	짝 반								
畔	밭고랑 반								
搬	운반할 반								
槃	소반 반								
頒	반포할 반								
磐	반석 반								
發	필 발								
髮	머리털 발								
拔	뺄 발								
魃	가물 발								

발 ~ 방	고사성어	尾生之信(미생지신) : 융통성 없이 약속만을 굳게 지킴을 이르는 말.

潑	물뿌릴 발							
撥	다스릴 발							
醱	술괼 발							
鉢	바리때 발							
跋	밟을 발							
勃	일어날 발							
渤	바다 발							
方	모 방							
放	놓을 방							
防	방비할 방							
訪	찾을 방							
妨	방해할 방							
倣	본받을 방							
房	방 방							
芳	꽃다울 방							

<table>
<tr><td colspan="2">방 ~ 배</td><td>고사성어</td><td colspan="2">半信半疑(반신반의) : 반은 믿고 반은 의심함.
拔本塞源(발본색원) : 폐단의 근원을 찾아 뽑아 버림.</td></tr>
</table>

漢字	訓 · 音								
邦	나라 방	邦						邦	
傍	곁 방	傍						傍	
彷	거닐 방	彷						彷	
肪	기름 방	肪						肪	
紡	실뽑을 방	紡						紡	
謗	헐뜯을 방	謗						謗	
幇	도울 방	幇						幇	
厖	클 방	厖						厖	
尨	삽살개 방	尨						尨	
榜	패 방	榜						榜	
膀	오줌통 방	膀						膀	
配	짝 배	配						配	
倍	곱 배	倍						倍	
培	북돋을 배	培						培	
杯	잔 배	杯						杯	

배 ~ 백	고사성어	白骨難忘(백골난망) : 죽어서 백골이 되어도 은혜를 잊을 수 없다는 뜻으로 남의 은혜에 깊이 감사하는 말.

拜	절 배							
俳	광대 배							
徘	어정거릴 배							
排	물리칠 배							
背	등 배							
輩	무리 배							
賠	배상할 배							
湃	물결칠 배							
褙	속옷 배							
白	흰 백							
伯	맏 백							
柏	잣나무 백							
百	일백 백							
魄	넋 백							
帛	비단 백							

번 ~ 범

百年河清(백년하청) : 중국의 황하(黃河)가 항상 흐리어 맑을 때가 없다는 데서 나온 고사로, 아무리 오래되어도 이루어지기 어려움을 일컫는 말.

番	차례 번	番						番
煩	번거러울 번	煩						煩
繁	성할 번	繁						繁
飜	번역할 번	飜						飜
蕃	무성할 번	蕃						蕃
罰	벌줄 벌	罰						罰
伐	칠 벌	伐						伐
閥	문벌 벌	閥						閥
凡	범상할 범	凡						凡
汎	넓을 범	汎						汎
犯	범할 범	犯						犯
範	법 범	範						範
帆	돛 범	帆						帆
氾	넘칠 범	氾						氾
梵	글 범	梵						梵

<table>
<tr><td colspan="2">법 ~ 병</td><td>고사성어</td><td colspan="6">白衣從軍(백의종군) : 벼슬함이 없이, 또는 군인이 아니면서;
군대를 따라 전쟁에 나감.</td></tr>
<tr><td rowspan="32">法
碧
壁
璧
僻
霹
癖
變
邊
辯
辨
卞
別
丙
柄</td><td>법　　　　법</td><td colspan="7"></td></tr>
<tr><td>氵一亅一厶</td><td colspan="7"></td></tr>
<tr><td>푸를　　　벽</td><td colspan="7"></td></tr>
<tr><td>一亻二丁口一</td><td colspan="7"></td></tr>
<tr><td>벽　　　　벽</td><td colspan="7"></td></tr>
<tr><td>尸口尸一亅一</td><td colspan="7"></td></tr>
<tr><td>둥근옥　　벽</td><td colspan="7"></td></tr>
<tr><td>尸口一尸丁一丶</td><td colspan="7"></td></tr>
<tr><td>궁벽할　　벽</td><td colspan="7"></td></tr>
<tr><td>亻尸口尸一亅</td><td colspan="7"></td></tr>
<tr><td>벼락　　　벽</td><td colspan="7"></td></tr>
<tr><td>雨尸口尸一亅</td><td colspan="7"></td></tr>
<tr><td>버릇　　　벽</td><td colspan="7"></td></tr>
<tr><td>疒尸口尸一亅</td><td colspan="7"></td></tr>
<tr><td>변할　　　변</td><td colspan="7"></td></tr>
<tr><td>言口絲乀八</td><td colspan="7"></td></tr>
<tr><td>변두리　　변</td><td colspan="7"></td></tr>
<tr><td>亻自宀勹丿辶</td><td colspan="7"></td></tr>
<tr><td>말잘할　　변</td><td colspan="7"></td></tr>
<tr><td>立辛言立辛</td><td colspan="7"></td></tr>
<tr><td>분별할　　변</td><td colspan="7"></td></tr>
<tr><td>立辛刂立辛</td><td colspan="7"></td></tr>
<tr><td>조급할　　변</td><td colspan="7"></td></tr>
<tr><td>亠卜</td><td colspan="7"></td></tr>
<tr><td>다를　　　별</td><td colspan="7"></td></tr>
<tr><td>口刀刂</td><td colspan="7"></td></tr>
<tr><td>남녁　　　병</td><td colspan="7"></td></tr>
<tr><td>一门人</td><td colspan="7"></td></tr>
<tr><td>자루　　　병</td><td colspan="7"></td></tr>
<tr><td>木一门人</td><td colspan="7"></td></tr>
</table>

병 ~ 보

고사성어

百折不屈(백절불굴) : 백번을 꺾어도 굽히지 않음. 곧 많은 고난을 극복하여 이겨 나감.

兵	군사	병
病	병들	병
並	아우를	병
屛	병풍	병
倂	아우를	병
餅	떡	병
瓶	병	병
保	보전할	보
步	걸음	보
普	넓을	보
譜	계보	보
報	갚을	보
寶	보배	보
堡	작은성	보
甫	클	보

보 ~ 봉

한자	훈	음							
補	도울	보							
輔	도울	보							
福	복	복							
服	옷	복							
復	회복할	복							
腹	배	복							
複	겹칠	복							
覆	엎을	복							
伏	엎드릴	복							
卜	점칠	복							
僕	종	복							
匐	길	복							
本	근본	본							
封	봉할	봉							
鳳	새	봉							

봉 ~ 부

고사성어

粉骨碎身(분골쇄신) : 뼈는 가루가 되고 몸은 산산조각이 됨. 곧 목숨을 다해 애씀을 이르는 말.
不顧廉恥(불고염치) : 부끄러움과 치욕을 생각하지 않음.

峯	봉우리 봉	峯						峯	
逢	만날 봉	逢						逢	
蜂	벌 봉	蜂						蜂	
烽	봉화 봉	烽						烽	
鋒	칼날 봉	鋒						鋒	
縫	꿰맬 봉	縫						縫	
奉	받들 봉	奉						奉	
俸	봉급 봉	俸						俸	
棒	몽둥이 봉	棒						棒	
捧	받들 봉	捧						捧	
父	아비 부	父						父	
部	나눌 부	部						部	
富	부자 부	富						富	
赴	다다를 부	赴						赴	
浮	뜰 부	浮						浮	

부 ~ 부	고사성어	不問可知(불문가지) : 묻지 않아도 능히 알 수 있음. 不問曲直(불문곡직) : 일의 옳고 그름을 묻지 아니하고 곧바로 행동이나 말로 들어감.

付	부칠 부							
符	붙을 부							
附	붙을 부							
府	마을 부							
俯	구부릴 부							
腐	썩을 부							
負	질 부							
副	버금 부							
膚	살갗 부							
婦	아내 부							
賦	지을 부							
否	아니 부							
夫	지아비 부							
扶	도울 부							
芙	연꽃 부							

부 ~ 분 | **고사성어**

鵬程萬里(붕정만리) : 붕새의 날아가는 길이 만리로 트임. 곧 전정(前程)이 아주 멀고도 큼을 이름.
飛禽走獸(비금주수) : 날짐승과 길짐승.

簿	장부 부	簿						簿
賻	부의 부	賻						賻
剖	쪼갤 부	剖						剖
敷	펼 부	敷						敷
釜	가마 부	釜						釜
腑	오장 부	腑						腑
阜	언덕 부	阜						阜
斧	도끼 부	斧						斧
訃	부고 부	訃						訃
埠	부두 부	埠						埠
北	북녘 북	北						北
分	나눌 분	分						分
粉	가루 분	粉						粉
紛	어지러울 분	紛						紛
奔	달아날 분	奔						奔

분 ~ 불	고사성어	非禮勿視(비례물시) : 예의에 어긋나는 일은 보지도 말라는 말. 非一非再(비일비재) : 이같은 일이 한두 번이 아님.

奮	떨칠 분							
憤	분할 분							
墳	무덤 분							
噴	뿜을 분							
扮	꾸밀 분							
忿	성낼 분							
焚	불사를 분							
盆	동이 분							
糞	똥 분							
雰	안개 분							
不	아닐 불							
弗	아니 불							
佛	부처 불							
拂	떨칠 불							
彿	비슷할 불							

불 ~ 비

고사성어 四顧無親(사고무친) : 사방을 둘러보아도 친한 사람이 한 사람도 없음. 곧 의지할 만한 사람이 전혀 없음.

沸	용솟음 불	沸						沸	
朋	벗 붕	朋						朋	
崩	무너질 붕	崩						崩	
非	아닐 비	非						非	
悲	슬플 비	悲						悲	
比	견줄 비	比						比	
批	비평할 비	批						批	
庇	덮을 비	庇						庇	
費	비용 비	費						費	
鼻	코 비	鼻						鼻	
妃	왕비 비	妃						妃	
肥	살찔 비	肥						肥	
秘	숨길 비	秘						秘	
飛	날 비	飛						飛	
備	갖출 비	備						備	

비 ~ 비

고사성어

砂上樓閣(사상누각) : 모래 위에 세운 다락집. 곧 기초가 약하여 넘어질 염려가 있거나 오래 유지하지 못할 일, 또는 실현 불가능한 일을 비유하는 말.

卑	낮을 비							
婢	계집종 비							
碑	비석 비							
誹	비방할 비							
毗	도울 비							
圮	무너질 비							
痺	암메추리 비							
扉	문짝 비							
臂	팔 비							
譬	비유할 비							
秕	쭉정이 비							
菲	엷을 비							
鄙	더러울 비							
憊	고달플 비							
妣	죽은어미 비							

빈 ~ 빙

고사성어 事必歸正(사필귀정) : 어떤 일이든 결국은 올바른 이치대로 됨. 반드시 정리(正理)로 돌아감.

貧	가난할	빈
賓	손	빈
頻	자주	빈
殯	빈소	빈
嚬	찡그릴	빈
臏	정강이	빈
濱	물가	빈
嬪	궁녀	빈
彬	빛날	빈
牝	암컷	빈
氷	얼음	빙
聘	청할	빙
馮	탈	빙
憑	의지할	빙
騁	달릴	빙

| 사 ~ 사 | 고사성어 | 山戰水戰(산전수전) : 산과 물에서의 전투를 다 겪음. 곧 온 갖 세상 일에 경험이 아주 많음. |

士	선비 사								
仕	벼슬 사								
巳	뱀 사								
四	넉 사								
司	맡을 사								
史	사기 사								
寺	절 사								
死	죽을 사								
似	같을 사								
沙	모래 사								
私	사사 사								
舍	집 사								
社	모일 사								
使	부릴 사								
邪	간사할 사								

사 ~ 사	고사성어

고사성어

山海珍味(산해진미) : 산과 바다에서 나는 재료로 만든 맛 좋은 음식. (동) 山珍海味(산진해미).
殺身成仁(살신성인) : 자신의 목숨을 버려서 인(仁)을 이룸.

事	일 사	事						事
祀	제사 사	祀						祀
思	생각할 사	思						思
査	조사할 사	査						査
師	스승 사	師						師
射	쏠 사	射						射
蛇	뱀 사	蛇						蛇
捨	버릴 사	捨						捨
斜	비낄 사	斜						斜
詐	속일 사	詐						詐
斯	이 사	斯						斯
絲	실 사	絲						絲
詞	말씀 사	詞						詞
寫	베낄 사	寫						寫
賜	줄 사	賜						賜

사 ~ 사	고사성어	桑田碧海(상전벽해) : 뽕나무 밭이 변하여 푸른 바다가 됨. 곧 세상의 모든 일의 덧없이 변화무상함을 비유하는 말.

謝	사례할 사
辭	말씀 사
祠	사당 사
飼	먹일 사
紗	깁 사
獅	사자 사
唆	부추길 사
些	적을 사
赦	용서할 사
奢	사치 사
肆	방자할 사
俟	기다릴 사
嗣	이을 사
徙	옮길 사
瀉	토할 사

삭 ~ 삼

고사성어 塞翁之馬(새옹지마) : 인생의 길흉·화복은 변화무상하여 예측하기 어렵다는 뜻.

朔	초하루 삭								
削	깎을 삭								
鑠	쇠녹일 삭								
山	뫼 산								
産	낳을 산								
散	흩을 산								
算	셈할 산								
酸	초 산								
傘	우산 산								
珊	산호 산								
删	깎을 산								
殺	죽일 살								
撒	뿌릴 살								
三	석 삼								
森	빽빽할 삼								

삼 ~ 상	고사성어	生老病死(생로병사) : 나고, 늙고, 병들고, 죽는 일. 곧 인생이 겪어야 할 네가지 고통(苦痛).

蔘	인삼	삼
杉	삼나무	삼
插	꽂을	삽
上	윗	상
床	평상	상
尚	오히려	상
狀	형상	상
相	서로	상
桑	뽕나무	상
祥	상서러울	상
常	항상	상
商	장사	상
喪	잃을	상
想	생각할	상
象	코끼리	상

| 상 ~ 색 | 고사성어 | 生面不知(생면부지) : 한번도 본 일이 없는 사람. 전혀 알지 못한 사람. |

詳	자세할 상							詳	
傷	상할 상							傷	
像	형상 상							像	
裳	치마 상							裳	
賞	상줄 상							賞	
嘗	맛볼 상							嘗	
償	갚을 상							償	
霜	서리 상							霜	
箱	상자 상							箱	
爽	시원할 상							爽	
雙	둘 쌍							雙	
塞	변방 새							塞	
色	빛 색							色	
索	찾을 색							索	
嗇	인색할 색							嗇	

색 ~ 서

고사성어 先見之明(선견지명) : 앞일을 미리 예견하여 내다보는 밝은 슬기.

穡 거둘 색						穡	
生 날 생						生	
牲 희생 생						牲	
笙 생황 생						笙	
甥 생질 생						甥	
西 서녘 서						西	
序 차례 서						序	
書 글 서						書	
徐 천천할 서						徐	
恕 용서할 서						恕	
庶 여럿 서						庶	
叙 펼 서						叙	
舒 펼 서						舒	
婿 사위 서						婿	
暑 더위 서						暑	

서 ~ 석

고사성어

先公後私(선공후사) : 우선 공적인 일을 먼저 하고 사적인 일은 뒤로 미룸.

署	관청 서							
緒	실마리 서							
曙	새벽 서							
嶼	섬 서							
逝	갈 서							
棲	깃들일 서							
瑞	상서로울 서							
誓	맹세할 서							
壻	사내 서							
犀	무소 서							
鼠	쥐 서							
筮	점칠 서							
鋤	호미 서							
黍	기장 서							
夕	저녁 석							

석 ~ 선	고사성어

仙風道骨(선풍도골) : 풍채가 뛰어나고 용모가 수려한 사람.
雪上加霜(설상가상) : 눈 위에 서리란 말로, 불행한 일이 거듭하여 생김을 가리킴.

石	돌 석								石
析	나눌 석								析
昔	옛 석								昔
席	자리 석								席
惜	아낄 석								惜
釋	해석할 석								釋
晳	밝을 석								晳
碩	클 석								碩
錫	주석 석								錫
先	먼저 선								先
仙	신선 선								仙
宣	베풀 선								宣
旋	돌 선								旋
船	배 선								船
善	착할 선								善

선 ~ 설

漢字	訓音							
鮮	고울 선	鮮						鮮
選	가릴 선	選						選
線	실 선	線						線
禪	고요할 선	禪						禪
膳	반찬 선	膳						膳
繕	기울 선	繕						繕
扇	부채 선	扇						扇
舌	혀 설	舌						舌
雪	눈 설	雪						雪
設	베풀 설	設						設
說	말씀 설	說						說
洩	샐 설	洩						洩
褻	더러울 설	褻						褻
薛	나라 설	薛						薛
泄	샐 설	泄						泄

설 ~ 성	고사성어	首邱初心(수구초심) : 여우가 죽을 때 머리를 자기가 살던 굴로 향한다는 말로, 고향을 그리워하는 마음을 일컬음.

屑	가루 설							屑
渫	칠 설							渫
殲	몰살할 섬							殲
纖	가늘 섬							纖
涉	물건널 섭							涉
攝	끌어잡을 섭							攝
燮	화할 섭							燮
成	이룰 성							成
性	성품 성							性
姓	성 성							姓
星	별 성							星
省	살필 성							省
城	재 성							城
盛	성할 성							盛
聖	성인 성							聖

| 성 ~ 소 | 고사성어 | 壽福康寧(수복강녕) : 오래 살아 복되며, 몸이 건강하여 평안함을 이르는 말. |

誠	정성 성							
聲	소리 성							
醒	술깰 성							
世	인간 세							
洗	씻을 세							
細	가늘 세							
稅	세금 세							
歲	해 세							
勢	세력 세							
貰	세낼 세							
小	작을 소							
少	적을 소							
召	부를 소							
所	바 소							
昭	밝을 소							

소 ~ 소	고사성어	袖手傍觀(수수방관) : 팔장을 끼고 보고만 있다는 뜻으로, 직접 손을 내밀어 간섭하지 아니하고 그대로 버려 둠을 일컫는 말.

笑	웃을　　소
消	끌　　　소
素	하얀　　소
掃	쓸　　　소
訴	소송할　소
紹	이을　　소
疎	성길　　소
蔬	나물　　소
燒	불사를　소
蘇	깨어날　소
騷	떠들　　소
沼	늪　　　소
逍	노닐　　소
遡	거스를　소
巢	새집　　소

소 ～ 송

고사성어 修身齊家(수신제가) : 행실을 올바로 닦고 집안을 바로 잡음.

漢字	훈음						
塿	토우　소						
塑	흙이길　소						
嘯	휘파람　소						
宵	밤　소						
束	묶을　속						
俗	풍속　속						
速	빠를　속						
粟	조　속						
續	이을　속						
屬	붙을　속						
孫	손자　손						
損	덜　손						
遜	겸손　손						
松	소나무　송						
送	보낼　송						

송 ~ 수	고사성어	守株待兎(수주대토) : 〔토끼가 나무 그루에 걸려 죽기를 기다렸다는 고사에서〕 주변머리가 없고 융통성이 전혀없이 굳게 지키기만 함을 이르는 말.

訟	송사할 송						
誦	외울 송						
頌	칭송할 송						
悚	두려울 송						
宋	송나라 송						
刷	박을 쇄						
鎖	쇠사슬 쇄						
碎	부서질 쇄						
灑	물뿌릴 쇄						
衰	쇠할 쇠						
水	물 수						
手	손 수						
囚	가둘 수						
守	지킬 수						
收	거둘 수						

| 수 ~ 수 | 고사성어 | 脣亡齒寒(순망치한) : 입술이 없어지면 이가 시리다는 뜻으로, 곧 서로 이웃 한 사람 중에서 한 사람이 망하면 다른 한 사람에게도 영향이 있음을 이르는 말. |

秀	빼어날 수
受	받을 수
首	머리 수
帥	거느릴 수
殊	다를 수
修	닦을 수
授	줄 수
須	모름지기 수
愁	근심 수
遂	드디어 수
睡	잠잘 수
壽	목숨 수
誰	누구 수
需	구할 수
數	셀 수

수 ~ 수	고사성어	始終如一(시종여일) : 처음과 나중이 한결같이 변함이 없음. 食少事煩(식소사번) : 먹을 것은 적고 할 일은 많음을 일컫는 말.

隨	따를 수
樹	나무 수
輸	보낼 수
雖	비록 수
獸	길짐승 수
嫂	형수 수
搜	찾을 수
溲	오줌 수
垂	드리울 수
粹	순수할 수
狩	사냥할 수
羞	부끄러울 수
蒐	모을 수
讎	원수 수
叟	늙은이 수

수 ~ 순		고사성어	識字憂患(식자우환) : 글자깨나 섣불리 좀 알았던 것이 도리어 화의 근원이 되었다는 뜻.

	훈·음							
脩	길 수	脩						脩
髓	골수 수	髓						髓
袖	소매 수	袖						袖
酬	잔돌릴 수	酬						酬
竪	세울 수	竪						竪
瘦	여윌 수	瘦						瘦
叔	아재비 숙	叔						叔
孰	누구 숙	孰						孰
宿	잘 숙	宿						宿
淑	맑을 숙	淑						淑
肅	엄숙할 숙	肅						肅
熟	익을 숙	熟						熟
夙	일찍 숙	夙						夙
塾	글방 숙	塾						塾
巡	순행할 순	巡						巡

순 ~ 술

고사성어

信賞必罰(신상필벌) : 공이 있는 사람에게는 필히 상을 주고, 죄가 있는 사람에게는 반드시 벌을 줌. 곧 상벌을 엄정히 하는 일.

旬	열흘 순							旬	
盾	방패 순							盾	
殉	죽을 순							殉	
純	순수할 순							純	
順	순할 순							順	
循	좇을 순							循	
脣	입술 순							脣	
舜	순임금 순							舜	
瞬	순간 순							瞬	
淳	순박할 순							淳	
馴	길들 순							馴	
詢	물을 순							詢	
醇	순후할 순							醇	
筍	죽순 순							筍	
戌	개 술							戌	

술 ~ 승	고사성어	身言書判(신언서판) : 인물을 선정하는 기준으로 삼던 네 가지 조건. 곧 신수와 말씨와 글씨와 판단력.

述	지을 술	述						述	
術	재주 술	術						術	
崇	높을 숭	崇						崇	
膝	무릎 슬	膝						膝	
拾	주을 습	拾						拾	
習	익힐 습	習						習	
濕	젖을 습	濕						濕	
襲	엄습할 습	襲						襲	
升	되 승	升						升	
丞	정승 승	丞						丞	
昇	오를 승	昇						昇	
承	이을 승	承						承	
乘	탈 승	乘						乘	
勝	이길 승	勝						勝	
僧	중 승	僧						僧	

승 ~ 시	고사성어	神出鬼沒(신출귀몰) : 귀신이 출몰하듯 자유 자재로 유연하여 그 변화를 헤아리지 못함.

繩	노 승						繩	
蠅	파리 승						蠅	
陞	오를 승						陞	
市	저자 시						市	
示	보일 시						示	
矢	화살 시						矢	
侍	모실 시						侍	
始	비로소 시						始	
是	이 시						是	
施	베풀 시						施	
時	때 시						時	
視	볼 시						視	
試	시험할 시						試	
詩	글귀 시						詩	
屍	주검 시						屍	

시 ~ 식

고사성어 深思熟考(심사숙고) : 깊이 생각하고 거듭 생각함을 말함. 곧 신중을 기하여 곰곰이 생각함.

媤	시집 시
猜	시기할 시
漸	물잦을 시
柴	섶나무 시
弑	죽일 시
匙	숟가락 시
豺	늑대 시
氏	성 씨
式	법 식
植	심을 식
食	먹을 식
息	숨쉴 식
飾	꾸밀 식
識	알 식
殖	번식할 식

식 ~ 신	고사성어	十匙一飯(십시일반) : 열 사람이 한 술씩 보태면 한 사람 분의 분량이 된다는 뜻으로, 여러 사람이 힘을 합하면 한 사람을 구제하기가 쉽다는 비유.

蝕	좀먹을 식							
拭	씻을 식							
熄	불꺼질 식							
申	납 신							
辛	매울 신							
臣	신하 신							
伸	펼 신							
身	몸 신							
信	믿을 신							
神	귀신 신							
新	새 신							
晨	새벽 신							
愼	삼갈 신							
呻	신음할 신							
紳	신사 신							

신 ~ 십

고사성어 我田引水(아전인수) : 자기 논에 물대기란 뜻으로, 자기에게 유리한 대로만 함.

漢字	훈·음							
娠	아이밸 신							
訊	물을 신							
迅	빠를 신							
宸	집 신							
腎	콩팥 신							
室	집 실							
實	열매 실							
失	잃을 실							
心	마음 심							
甚	심할 심							
深	깊을 심							
尋	찾을 심							
審	살필 심							
瀋	즙 심							
十	열 십							

| 아 ~ 아 | 고사성어 | 眼下無人(안하무인) : 눈 아래 사람이 없음. 곧 교만하여 사람들을 아래로 보고 업신여김. |

牙	어금니 아
我	나 아
兒	아이 아
阿	언덕 아
芽	싹 아
亞	버금 아
雅	맑을 아
餓	주릴 아
啞	벙어리 아
鵝	거위 아
娥	예쁠 아
峨	산높을 아
婭	동서 아
衙	마을 아
鴉	갈가마귀 아

악 ~ 안	고사성어	藥房甘草(약방감초) : ① 무슨 일에나 끼여듦. ② 무슨 일에나 반드시 끼어야 할 필요한 것.

惡	악할 악							
岳	큰산 악							
握	잡을 악							
嶽	큰산 악							
幄	장막 악							
齷	악착할 악							
安	편안할 안							
案	책상 안							
眼	눈 안							
鴈	기러기 안							
岸	언덕 안							
顔	얼굴 안							
按	살필 안							
鞍	안장 안							
晏	늦을 안							

| 알 ~ 앙 | 고사성어 | 弱肉強食(약육강식) : 약한 쪽이 강한 쪽에게 먹히는 자연 현상. |

謁	아뢸 알	謁					謁	
軋	삐걱거릴 알	軋					軋	
斡	돌 알	斡					斡	
遏	막을 알	遏					遏	
暗	어두울 암	暗					暗	
巖	바위 암	巖					巖	
庵	초막 암	庵					庵	
闇	어두울 암	闇					闇	
押	찍을 압	押					押	
壓	누를 압	壓					壓	
狎	업신여길 압	狎					狎	
鴨	오리 압	鴨					鴨	
央	가운데 앙	央					央	
殃	재앙 앙	殃					殃	
仰	우러를 앙	仰					仰	

앙 ~ 액

羊頭狗肉(양두구육) : 양의 대가리를 내어놓고 개고기를 팖. 곧 겉으로는 훌륭하게 내세우나 속은 음흉한 생각을 품고 있다는 뜻.

怏	원망할 앙							
昂	높을 앙							
鴦	원앙새 앙							
秧	모 앙							
哀	슬플 애							
涯	물가 애							
愛	사랑 애							
曖	흐릴 애							
隘	좁을 애							
埃	티끌 애							
礙	막을 애							
崖	낭떠러질 애							
厄	재앙 액							
液	진 액							
額	이마 액							

액 ~ 약	고사성어	梁上君子(양상군자) : [후한(後漢)의 진 식이 들보 위에 숨어 있는 도둑을 가리켜 양상(梁上)의 군자(君子)라 한 데서 온 말]. 도둑.

漢字	훈·음							
掖	낄 액	掖						掖
腋	겨드랑 액	腋						腋
櫻	앵두 앵	櫻						櫻
也	이끼 야	也						也
夜	밤 야	夜						夜
野	들 야	野						野
耶	어조사 야	耶						耶
揶	야자나무 야	揶						揶
惹	끌 야	惹						惹
冶	쇠불릴 야	冶						冶
約	약속할 약	約						約
若	같을 약	若						若
弱	약할 약	弱						弱
藥	약 약	藥						藥
躍	뛸 약	躍						躍

양 ~ 어 | **고사성어** | 良藥苦口(양약고구) : 效驗이 좋은 약은 입에 쓰다는 말로, 충직한 말은 듣기는 싫으나 받아들이면 자신에게 이롭다는 뜻.

羊	양 양								
洋	큰바다 양								
陽	햇볕 양								
楊	버들 양								
揚	날릴 양								
養	기를 양								
壤	흙 양								
讓	사양할 양								
孃	계집 양								
樣	모양 양								
襄	빌 양								
攘	물리칠 양								
釀	술빚을 양								
魚	물고기 어								
於	어조사 어								

어 ~ 언	고사성어	養虎遺患(양호유환) : 화근을 길러 근심을 사는 것을 일컫는 말.

御	모실 어							御
語	말씀 어							語
漁	고기잡을 어							漁
禦	막을 어							禦
馭	말부릴 어							馭
圄	옥 어							圄
億	억 억							億
憶	생각할 억							憶
抑	누를 억							抑
臆	가슴 억							臆
言	말씀 언							言
焉	어찌 언							焉
彦	선비 언							彦
諺	속담 언							諺
堰	방죽 언							堰

엄 ~ 역	고사성어	魚頭鬼面(어두귀면) : 고기 대가리에 귀신 상판대기라는 말로, 망측하게 생긴 얼굴을 이르는 말.

嚴	엄할 엄
儼	엄전할 엄
厭	덮을 엄
掩	가릴 엄
業	일 업
恚	성낼 에
予	나 여
余	나 여
汝	너 여
如	같을 여
與	줄 여
餘	남을 여
輿	수레 여
亦	또 역
役	부릴 역

역 ~ 연	고사성어	漁父之利(어부지리) : 도요새와 무영조개가 다투는 틈을 타 서 둘 다 잡은 어부처럼, 당사자간 싸우는 틈을 타 제삼자가 애쓰지 않고 가로챔을 이르는 말.

易	바꿀 역						易	
疫	염병 역						疫	
逆	거스릴 역						逆	
域	지경 역						域	
譯	통역할 역						譯	
驛	역마 역						驛	
繹	풀 역						繹	
延	끌 연						延	
沿	연안 연						沿	
研	갈 연						研	
宴	잔치 연						宴	
軟	연할 연						軟	
硯	벼루 연						硯	
然	그러할 연						然	
煙	연기 연						煙	

연 ~ 열	고사성어	言語道斷(언어도단) : 말문이 막힌다는 뜻으로 너무 어이없어서 말하려야 말 할 수 없음을 이름.

鉛	납 연	鉛						鉛
演	연역할 연	演						演
緣	인연 연	緣						緣
燕	제비 연	燕						燕
燃	불탈 연	燃						燃
捐	버릴 연	捐						捐
衍	퍼질 연	衍						衍
淵	못 연	淵						淵
筵	대자리 연	筵						筵
涓	가릴 연	涓						涓
娟	아름다울 연	娟						娟
臙	연지 연	臙						臙
熱	더울 열	熱						熱
悅	기쁠 열	悅						悅
閱	볼 열	閱						閱

| 염 ~ 영 | 고사성어 | 言中有骨(언중유골) : 예사로운 말 속에 뼈 같은 속 뜻이 있다는 말. |

炎	불꽃 염
染	물들일 염
鹽	소금 염
艶	고울 염
焰	불꽃 염
葉	잎사귀 엽
永	길 영
泳	헤엄칠 영
英	꽃부리 영
迎	맞을 영
映	비칠 영
詠	읊을 영
榮	영화 영
影	그림자 영
營	경영할 영

영 ~ 오

고사성어 與民同樂(여민동락) : 임금이 백성과 더불어 낙(樂)을 같이 함. (동) 與民偕樂(여민해락).

瑩	무덤 영	瑩						瑩
盈	찰 영	盈						盈
嬰	어릴 영	嬰						嬰
纓	갓끈 영	纓						纓
銳	날카로울 예	銳						銳
豫	미리 예	豫						予
藝	재주 예	藝						芸
譽	명예 예	譽						譽
叡	밝을 예	叡						叡
預	미리 예	預						預
裔	후손 예	裔						裔
洩	퍼질 예	洩						洩
穢	더러울 예	穢						穢
五	다섯 오	五						五
吾	나 오	吾						吾

| 오 ~ 옥 | 고사성어 | 連絡不絶(연락부절) : 오고 감이 끊이지 않고 교통을 계속 함. |
| 戀慕之情(연모지정) : 그리워하고 사랑하는 연모의 정. |

午	낮 오							
汚	더러울 오							
悟	깨달을 오							
烏	까마귀 오							
梧	오동나무 오							
娛	즐거울 오							
嗚	탄식할 오							
傲	거만할 오							
誤	그르칠 오							
伍	대오 오							
奧	속 오							
吳	나라 오							
寤	깰 오							
懊	한할 오							
玉	구슬 옥							

옥 ~ 완

고사성어 緣木求魚(연목구어) : 나무 위에서 고기를 구한다는 뜻으로, 안될 일을 무리하게 하려고 한다는 뜻.

屋	집 옥
沃	기름질 옥
獄	감옥 옥
溫	따뜻할 온
穩	편안할 온
蘊	쌓을 온
翁	늙은이 옹
擁	안을 옹
壅	막힐 옹
臥	누울 와
瓦	기와 와
訛	거짓 와
蛙	개구리 와
蝸	달팽이 와
緩	느릴 완

완 ~ 외

 榮枯盛衰(영고성쇠) : 번영하여 융성함과 말라서 쇠잔해 짐.
(동) 興亡盛衰(흥망성쇠).

完	완전할 완
玩	놀 완
頑	완고할 완
莞	미소 완
婉	아름다울 완
曰	가로 왈
王	임금 왕
往	갈 왕
枉	굽을 왕
旺	왕성할 왕
倭	왜국 왜
矮	난장이 왜
歪	비뚤 왜
外	바깥 외
畏	두려울 외

| 외 ~ 요 | 고사성어 | 英雄豪傑(영웅호걸) : 영웅과 호걸.
五里霧中(오리무중) : 짙은 안개 속에서 길을 찾기 어려움과
같이, 어떤 일에 대하여 알길이 없음을 일컫는 말. |

猥	외람될　외						猥	
嵬	산높을　외						嵬	
要	중요할　요						要	
腰	허리　요						腰	
搖	흔들　요						搖	
謠	노래　요						謠	
遙	멀　요						遙	
僥	요행　요						僥	
饒	넉넉할　요						饒	
妖	요망할　요						妖	
曜	빛날　요						曜	
拗	비뚤　요						拗	
窯	가마　요						窯	
擾	요란할　요						擾	
夭	요절할　요						夭	

요 ~ 용	고사성어	寤寐不忘(오매불망) : 자나 깨나 잊지 못하는 애절한 심정의 상태.

耀	빛날 요							耀
瑤	옥 요							瑤
辱	욕될 욕							辱
欲	욕심 욕							欲
浴	목욕할 욕							浴
慾	욕심 욕							慾
用	쓸 용							用
容	얼굴 용							容
勇	날랠 용							勇
庸	떳떳할 용							庸
龍	용 용							龍
踊	뛸 용							踊
慂	권할 용							慂
溶	녹을 용							溶
鎔	녹일 용							鎔

용 ~ 우

고사성어 · 吾飛三尺(오비삼척) : 내 코가 석 자라는 뜻. 곧 자기의 곤궁이 심하여 남의 사정을 돌아볼 겨를이 없음을 일컫는 말.

蓉	부용 용	蓉						蓉
傭	품팔 용	傭						傭
聳	솟을 용	聳						聳
茸	무성할 용	茸						茸
湧	물솟을 용	湧						湧
又	또 우	又						又
于	어조사 우	于						于
尤	더욱 우	尤						尤
友	벗 우	友						友
牛	소 우	牛						牛
右	오른쪽 우	右						右
羽	깃 우	羽						羽
宇	집 우	宇						宇
雨	비 우	雨						雨
偶	짝 우	偶						偶

우 ~ 운

고사성어

烏飛梨落(오비이락) : 까마귀 날자 배 떨어진다는 뜻. 곧 우연한 일에 남으로부터 혐의를 받게 됨을 가리키는 말.

郵	우편	우						
遇	만날	우						
愚	어리석을	우						
憂	근심	우						
優	넉넉할	우						
禹	하우씨	우						
迂	멀	우						
虞	염려할	우						
旭	빛날	욱						
昱	밝을	욱						
煜	빛날	욱						
郁	문채날	욱						
云	이를	운						
雲	구름	운						
運	운전할	운						

운 ~ 원

韻	운율 운						韻	
殞	죽을 운						殞	
雄	수컷 웅						雄	
熊	곰 웅						熊	
元	으뜸 원						元	
院	집 원						院	
原	근원 원						原	
願	원할 원						願	
源	근원 원						源	
遠	멀 원						遠	
員	인원 원						員	
圓	둥글 원						圓	
園	동산 원						園	
怨	원망할 원						怨	
援	도울 원						援	

원 ~ 위

고사성어 　烏合之卒(오합지졸) : 임시로 모집하여 훈련을 하지 못해 무질서한 군사. (비) 烏合之衆(오합지중).

袁	성 　원								
苑	동산 　원								
鴛	원앙새 　원								
冤	원통할 　원								
猿	원숭이 　원								
瑗	도리옥 　원								
媛	예쁠 　원								
月	달 　월								
越	넘을 　월								
危	위태할 　위								
位	벼슬 　위								
委	맡길 　위								
威	위엄 　위								
胃	밥통 　위								
圍	둘레 　위								

위 ~ 유	고사성어	屋上架屋(옥상가옥) : 지붕 위에 또 지붕을 얹음. 곧 위에 부질없이 거듭함을 이르는 말.

爲	할 위							爲	
僞	거짓 위							僞	
偉	위대할 위							偉	
違	어길 위							違	
衛	호위할 위							衛	
緯	씨 위							緯	
謂	이를 위							謂	
慰	위로할 위							慰	
尉	벼슬 위							尉	
渭	물이름 위							渭	
萎	시들 위							萎	
魏	위나라 위							魏	
韋	다룬가죽 위							韋	
由	말미암을 유							由	
幼	어릴 유							幼	

| 유 ~ 유 | 고사성어 | 玉石俱焚(옥석구분) : 옥과 돌이 함께 탄다는 뜻. 곧 나쁜 사람이나 좋은 사람이나 다 같이 재앙을 당함을 비유해서 하는 말. |

有	있을 유									有
酉	닭 유									酉
悠	멀 유									悠
油	기름 유									油
柔	부드러울 유									柔
猶	오히려 유									猶
幽	그윽할 유									幽
唯	오직 유									唯
惟	생각할 유									惟
裕	넉넉할 유									裕
愈	나을 유									愈
遊	놀 유									遊
維	이을 유									維
儒	선비 유									儒
誘	꾀일 유									誘

유 ~ 육	고사성어	温故知新(온고지신) : 옛것을 익히고 그것으로 미루어 새것을 알수 있다는 뜻.

遺	끼칠 유
乳	젖 유
俞	성 유
愉	즐거울 유
喻	깨우칠 유
諭	깨우칠 유
宥	용서할 유
踝	밟을 유
臾	잠깐 유
諛	아첨할 유
侑	권할 유
囿	동산 유
濡	적실 유
肉	고기 육
育	기를 육

윤 ~ 음	고사성어

外柔内剛(외유내강) : 겉으로 보기에는 부드러우나 속은 꿋꿋하고 강함.

尹	다스릴 윤
閏	윤달 윤
潤	붙을 윤
允	진실로 윤
胤	맏 윤
融	녹을 융
絨	융 융
銀	은 은
恩	은혜 은
隱	숨을 은
殷	은나라 은
慇	은근할 은
乙	새 을
音	소리 음
吟	읊을 음

음 ~ 의	고사성어	燎原之火(요원지화) : 거세게 타는 벌판의 불길이라는 뜻으로, 미처 방비할 사이 없이 퍼지는 세력을 형용하는 말.

陰	그늘 음							
飲	마실 음							
淫	음란할 음							
蔭	그늘 음							
霪	장마 음							
邑	고을 읍							
泣	울 읍							
挹	퍼낼 읍							
應	응할 응							
凝	엉길 응							
膺	가슴 응							
衣	옷 의							
依	의지할 의							
矣	어조사 의							
宜	마땅 의							

의 ~ 이

 欲速不達(욕속부달) : 일을 너무 성급히 하려고 하면 도리어 이루기 어려움을 의미한 말.

意	뜻 의	意						意
義	옳을 의	義						義
儀	거동 의	儀						儀
議	의논할 의	議						議
醫	의원 의	醫						醫
疑	의심할 의	疑						疑
擬	비길 의	擬						擬
誼	옳을 의	誼						誼
毅	굳셀 의	毅						毅
蟻	개미 의	蟻						蟻
倚	의지할 의	倚						倚
二	두 이	二						二
貳	두 이	貳						貳
以	써 이	以						以
而	말이을 이	而						而

이 ~ 인

고사성어

龍頭蛇尾(용두사미) : 용의 머리와 뱀의 꼬리라는 뜻. 곧 처음은 그럴듯하다가 나중엔 흐지부지함을 말함.

耳	귀 이								
夷	오랑캐 이								
移	옮길 이								
異	다를 이								
已	이미 이								
弛	늦출 이								
姨	이모 이								
伊	저 이								
餌	먹이 이								
益	더할 익								
翼	날개 익								
溺	빠질 익								
匿	숨길 익								
翌	다음날 익								
刃	칼날 인								

인 ~ 일 | **고사성어** | 優柔不斷(우유부단) : 연약해서 망설이기만 하고 결단력이 부족하여 끝을 맺지 못함.

人	사람 인							
仁	어질 인							
引	끌 인							
印	도장 인							
因	인할 인							
姻	혼인할 인							
寅	범 인							
忍	참을 인							
認	인정할 인							
咽	목구멍 인							
湮	막힐 인							
吝	인색할 인							
蚓	지렁이 인							
一	한 일							
壹	한 일							

일 ~ 자	고사성어	牛耳讀經(우이독경) : 「쇠 귀에 경읽기」란 뜻으로 가르치고 일러 주어도 알아 듣지 못함을 비유하는 말. (동) 牛耳誦經(우이송경)

日	날 일							
逸	숨을 일							
溢	넘칠 일							
佚	숨을 일							
壬	천간 임							
任	맡길 임							
賃	품팔이 임							
妊	아이밸 임							
荏	들깨 임							
入	들 입							
孕	아이밸 잉							
剩	남을 잉							
子	아들 자							
自	스스로 자							
字	글자 자							

자 ~ 자	고사성어	雨後竹筍(우후죽순) : 비 온 뒤에 돋는 죽순. 곧 어떤 일이 일시에 많이 일어남의 비유.

姉	맏누이 자							
兹	이 자							
者	놈 자							
刺	찌를 자							
姿	맵시 자							
恣	방자할 자							
紫	자주빛 자							
雌	암컷 자							
資	재물 자							
慈	사랑 자							
諮	물을 자							
瓷	사기그릇 자							
滋	더할 자							
磁	자석 자							
疵	허물 자							

자 ~ 잠	고사성어	危機一髮(위기일발) : 조금이라도 방심할 수 없는 위급한 순간.

藉	빙자할 자							藉
炙	구울 자							炙
煮	삶을 자							煮
作	지을 작							作
昨	어제 작							昨
酌	잔질할 작							酌
爵	벼슬 작							爵
炸	터질 작							炸
雀	참새 작							雀
鵲	까치 작							鵲
殘	남을 잔							殘
盞	잔 잔							盞
暫	잠깐 잠							暫
潛	잠길 잠							潛
蠶	누에 잠							蠶

잠 ~ 장	고사성어	有口無言(유구무언) : 입은 있으나 말이 없다는 뜻으로, 변명할 말이 없거나 변명을 못 함을 이름.

箴	돌침 잠	箴						箴
岑	봉우리 잠	岑						岑
雜	섞일 잡	雜						雜
丈	어른 장	丈						丈
壯	장할 장	壯						壯
莊	씩씩할 장	莊						莊
長	긴 장	長						長
帳	휘장 장	帳						帳
場	마당 장	場						場
將	장수 장	將						將
掌	손바닥 장	掌						掌
葬	장사지낼 장	葬						葬
章	글 장	章						章
障	막을 장	障						障
粧	단장할 장	粧						粧

장 ~ 장		고사성어	有明無實(유명무실) : 이름뿐이고 그 실상은 없음. 隱忍自重(은인자중) : 마음속으로 괴로움을 참으며 몸가짐을 조심함.

張	베풀 장	張					張
腸	창자 장	腸					腸
裝	꾸밀 장	裝					裝
獎	권장할 장	獎					獎
藏	감출 장	藏					藏
臟	오장 장	臟					臟
狀	문서 장	狀					狀
墻	담 장	墻					墻
仗	의장 장	仗					仗
薔	장미 장	薔					薔
匠	장인 장	匠					匠
臟	오장 장	臟					臟
杖	지팡이 장	杖					杖
醬	간장 장	醬					醬
牆	담 장	牆					牆

재 ~ 저

고사성어 　陰德陽報(음덕양보) : 남 모르게 덕을 쌓은 사람은 뒤에 남이 알게 보답을 받는다는 뜻.

才	재주　재							才	
再	두　재							再	
在	있을　재							在	
材	재목　재							材	
災	재앙　재							災	
哉	어조사　재							哉	
財	재물　재							財	
栽	심을　재							栽	
裁	마를　재							裁	
載	실을　재							載	
宰	재상　재							宰	
爭	다툴　쟁							爭	
錚	쇳소리　쟁							錚	
著	나타날　저							著	
貯	쌓을　저							貯	

저 ~ 적 | **고사성어** 吟風弄月(음풍농월) : 맑은 바람과 밝은 달을 벗삼아 시를 읊으며 즐겁게 지내는 것.

低	낮을 저						低	
抵	막을 저						抵	
底	밑 저						底	
沮	막을 저						沮	
咀	씹을 저						咀	
邸	큰집 저						邸	
箸	젓가락 저						箸	
狙	원숭이 저						狙	
杵	공이 저						杵	
佇	우두커니 저						佇	
苴	삼 저						苴	
躇	망서릴 저						躇	
楮	닥나무 저						楮	
渚	물가 저						渚	
赤	붉을 적						赤	

적 ~ 적	고사성어	以心傳心(이심전심) : 말이나 글에 의하지 않고 마음과 마음으로 전달 됨. (비) 心心相印(심심상인).

的	과녁 적							
寂	고요할 적							
賊	도둑 적							
籍	호적 적							
笛	저 적							
跡	발자취 적							
積	쌓을 적							
績	길쌈 적							
蹟	자취 적							
摘	딸 적							
敵	원수 적							
適	알맞을 적							
滴	물방울 적							
嫡	정실 적							
迹	자취 적							

| 전 ~ 전 | 고사성어 | 以熱治熱(이열치열) : 열로써 열을 다스림. 곧 힘은 힘으로써 다스림. |

全	온전할 전							
田	밭 전							
典	법 전							
前	앞 전							
展	펼 전							
專	오로지 전							
傳	전할 전							
轉	구를 전							
電	번개 전							
戰	싸움 전							
錢	돈 전							
銓	저울질 전							
顚	정수리 전							
廛	가게 전							
塡	매울 전							

전 ~ 점		고사성어	已往之事(이왕지사) : 이미 지나간 일. (동) 已過之事(이과지사).

殿	대궐 전								
澱	찌끼 전								
餞	전송할 전								
鈿	비녀 전								
箭	화살 전								
詮	설명할 전								
栓	나무못 전								
剪	가위 전								
煎	달일 전								
折	끊을 절								
切	꺾을 절								
絕	끊을 절								
節	마디 절								
占	점칠 점								
店	가게 점								

점 ~ 정

고사성어

二律背反(이율배반) : 서로 모순되는 두 명제가 동등한 권리로 주장되는 일.

漸	차차 점								
點	점 점								
粘	끈끈할 점								
接	붙일 접								
蝶	나비 접								
丁	고무래 정								
井	우물 정								
正	바를 정								
廷	조정 정								
定	정할 정								
征	칠 정								
政	정사 정								
亭	정자 정								
貞	곧을 정								
訂	바로잡을 정								

정 ~ 정		고사성어	**因果應報**(인과응보) : 사람이 짓는 선악의 인업에 응하여 과보가 있음.

頂	정수리　　정	頂						頂
停	머무를　　정	停						停
庭	뜰　　　　정	庭						庭
情	뜻　　　　정	情						情
淨	깨끗할　　정	淨						淨
程	과정　　　정	程						程
精	정할　　　정	精						精
鄭	나라　　　정	鄭						鄭
整	정돈할　　정	整						整
靜	고요　　　정	靜						靜
町	밭두둑　　정	町						町
呈	보일　　　정	呈						呈
艇	거루　　　정	艇						艇
偵	정탐할　　정	偵						偵
晶	수정　　　정	晶						晶

<table>
<tr><td rowspan="2">정 ~ 제</td><td rowspan="2">고사성어</td><td>人面獸心(인면수심) : 겉은 사람이나 마음은 짐승과 같음.</td></tr>
<tr><td>因循故息(인순고식) : 구습을 버리지 못하고 목전의 편안한 것만을 취함.</td></tr>
</table>

碇	닻 정							碇	
錠	신선로 정							錠	
穽	함정 정							穽	
釘	못 정							釘	
叮	정성 정							叮	
弟	아우 제							弟	
制	지을 제							制	
帝	임금 제							帝	
除	제할 제							除	
祭	제사 제							祭	
際	즈음 제							際	
第	차례 제							第	
提	들 제							提	
堤	둑 제							堤	
製	지을 제							製	

제 ~ 조	고사성어	因人成事(인인성사) : 남의 힘으로 일이나 뜻을 이룸.
		仁者無敵(인자무적) : 어진 사람에게는 적이 없음.
		一擧兩得(일거양득) : 한가지 일로 두가지 이득을 봄.

諸	모두 제							
齊	가지런할 제							
濟	구제할 제							
題	제목 제							
娣	누이동생 제							
齊	조합할 제							
悌	공손할 제							
梯	사다리 제							
啼	울 제							
弔	조상할 조							
早	이를 조							
兆	억조 조							
助	도울 조							
祖	할아비 조							
租	세금 조							

조 ~ 조	고사성어	一網打盡(일망타진) : 한 그물에 모두 다 모아 잡음. 곧 한꺼번에 모조리 체포함.

曹	나라 조	曹						曹
鳥	새 조	鳥						鳥
條	가지 조	條						條
造	지을 조	造						造
組	짤 조	組						組
朝	아침 조	朝						朝
照	비칠 조	照						照
調	고를 조	調						調
潮	조수 조	潮						潮
操	지조 조	操						操
燥	마를 조	燥						燥
粗	거칠 조	粗						粗
彫	새길 조	彫						彫
遭	만날 조	遭						遭
措	둘 조	措						措

| 조 ~ 존 | 고사성어 | 一脈相通(일맥상통) : 솜씨·성격·처지·상태 등이 서로 통함. |

祚	복조 조							
趙	조나라 조							
阻	험할 조							
嘲	조롱할 조							
譟	지껄일 조							
糟	지게미 조							
釣	낚시 조							
槽	구유 조							
漕	배저을 조							
眺	바라볼 조							
詔	고할 조							
足	발 족							
族	겨레 족							
存	있을 존							
尊	높을 존							

| 졸 ~ 좌 | | 고사성어 | 一目瞭然(일목요연) : 선뜻 보아도 똑똑하게 알 수 있음.
日薄西山(일박서산) : 해가 서산에 가까와진다는 뜻으로, 늙
어서 죽음이 가까와짐을 비유. |

卒	군사 졸								
拙	옹졸할 졸								
宗	마루 종								
從	좇을 종								
終	마칠 종								
種	씨 종								
縱	세로 종								
鐘	쇠북 종								
綜	모을 종								
慫	권할 종								
蹤	자취 종								
腫	종기 종								
棕	종려나무 종								
左	왼 좌								
佐	도울 좌								

좌 ~ 주	고사성어	一絲不亂(일사불란) : 한 오라기의 실도 어지럽지 않음. 곧 질서가 정연하여 조금도 헝크러진 데나 어지러움이 없음.

坐	앉을 좌							坐
座	자리 좌							座
挫	꺾을 좌							挫
罪	허물 죄							罪
主	주인 주							主
住	머무를 주							住
注	물댈 주							注
柱	기둥 주							柱
註	주낼 주							註
舟	배 주							舟
朱	붉을 주							朱
株	그루 주							株
珠	구슬 주							珠
州	고을 주							州
洲	물가 주							洲

고사성어	一魚濁水(일어탁수) : 한 마리의 고기가 물을 흐린다는 뜻으로, 곧 한 사람의 잘못으로 여러 사람이 그 피해를 받게 됨의 비유.

走	달아날 주	走						走
宙	집 주	宙						宙
酒	술 주	酒						酒
晝	낮 주	晝						晝
周	두루 주	周						周
週	주일 주	週						週
駐	머무를 주	駐						駐
鑄	부어만들 주	鑄						鑄
廚	부엌 주	廚						廚
奏	아뢸 주	奏						奏
呪	저주할 주	呪						呪
做	지을 주	做						做
嗾	부추길 주	嗾						嗾
綢	얽을 주	綢						綢
誅	벨 주	誅						誅

주 ~ 중

一言之下(일언지하) : 한 마디로 딱 잘라 말함. 두말할 나위 없음.

蛛	거미 주						蛛	
躊	망서릴 주						躊	
輳	몰려들 주						輳	
竹	대 죽						竹	
准	승인할 준						准	
準	법도 준						準	
遵	따를 준						遵	
俊	준걸 준						俊	
峻	높을 준						峻	
駿	준마 준						駿	
浚	칠 준						浚	
中	가운데 중						中	
仲	버금 중						仲	
重	무거울 중						重	
衆	무리 중						衆	

즉 ~ 지

고사성어

一場春夢(일장춘몽) : 한바탕의 봄꿈처럼 헛된 영화.
日就月將(일취월장) : 나날이 다달이 진전함.

即	곧 즉							
櫛	빗 즐							
症	병세 증							
曾	일찍 증							
增	더할 증							
憎	미워할 증							
贈	줄 증							
蒸	증기 증							
證	증거 증							
拯	건질 증							
汁	진액 즙							
之	갈 지							
志	뜻 지							
只	다만 지							
至	이를 지							

고사성어 臨機應變(임기응변) : 그때 그때의 일의 형편에 따라서 융통성 있게 잘 처리함.

한자	훈	음
支	지탱할	지
枝	가지	지
持	가질	지
知	알	지
地	땅	지
池	못	지
遲	더딜	지
指	손가락	지
紙	종이	지
智	지혜	지
誌	기록할	지
止	그칠	지
祉	복	지
旨	뜻	지
脂	비계	지

지 ~ 진			고사성어	臨戰無退(임전무퇴) : 싸움터에 임하여 물러섬이 없음.
				自家撞着(자가당착) : 자기가 한 말이나 행동의 앞 뒤가 모순되는 것.

摯	지극할 지							
芝	지초 지							
祗	마침 지							
肢	사지 지							
直	곧을 직							
職	벼슬 직							
織	짤 직							
稷	기장 직							
辰	별 진							
振	떨칠 진							
陣	벌일 진							
陳	베풀 진							
進	나아갈 진							
眞	참 진							
鎭	진압할 진							

진 ~ 질	고사성어	自繩自縛(자승자박) : 자기 줄로 제 몸을 옭아 묶는다는 뜻으로, 자기 마음씨나 언행(言行)으로 말미암아 제 자신이 행동의 자유를 갖지 못하는 일.

盡	다할 진	盡						盡
珍	보배 진	珍						珍
診	진찰할 진	診						診
震	진동할 진	震						震
津	나루 진	津						津
疹	발진할 진	疹						疹
賑	기민먹일 진	賑						賑
嗔	성낼 진	嗔						嗔
搢	꽂을 진	搢						搢
塵	티끌 진	塵						塵
質	바탕 질	質						質
姪	조카 질	姪						姪
疾	병 질	疾						疾
秩	차례 질	秩						秩
跌	넘어질 질	跌						跌

질 ~ 차

고사성어 作心三日(작심삼일) : 한 번 결심한 것이 사흘을 가지 않음. 곧 결심이 굳지 못함을 가리키는 말.

窒	막을 질								
嫉	투기할 질								
桎	차꼬 질								
執	잡을 집								
集	모을 집								
輯	모을 집								
什	세간 집								
徵	부를 징								
懲	징계할 징								
且	또 차								
次	버금 차								
此	이 차								
借	빌릴 차								
差	어긋날 차								
蹉	거꾸러질 차								

차 ~ 찬 | 고사성어 | 賊反荷杖(적반하장) : 도둑이 도리어 매를 든다는 뜻으로, 잘못한 사람이 도리어 잘한 사람을 나무랄 경우에 쓰는 말.

叉	깍지낄 차
遮	가릴 차
嗟	탄식할 차
着	붙을 착
捉	잡을 착
錯	그를 착
窄	좁을 착
搾	짤 착
贊	찬성할 찬
讚	칭찬할 찬
燦	빛날 찬
餐	먹을 찬
纂	모을 찬
撰	글지을 찬
饌	밥 찬

찰 ~ 창	고사성어	適材適所(적재적소) : 적당한 재목을 적당한 자리에 씀. 電光石火(전광석화) : 번갯불과 부싯돌의 불. 곧 극히 짧은 시간이나 매우 빠른 동작을 말함.

察	살필 **찰**	察						察
擦	문지를 **찰**	擦						擦
札	편지 **찰**	札						札
刹	절 **찰**	刹						刹
參	참여할 **참**	參						參
慘	슬플 **참**	慘						慘
慚	부끄러울 **참**	慚						慚
懺	뉘우칠 **참**	懺						懺
塹	구덩이 **참**	塹						塹
昌	창성할 **창**	昌						昌
唱	노래부를 **창**	唱						唱
窓	창 **창**	窓						窓
倉	창고 **창**	倉						倉
創	비로소 **창**	創						創
滄	바다 **창**	滄						滄

창 ~ 채	고사성어

切磋琢磨(절차탁마) : 옥(玉)·돌 따위를 갈고 닦는 것과 같이 덕행과 학문을 쉼없이 노력하여 닦음을 말함.

暢	화창할 창							暢	
蒼	푸를 창							蒼	
槍	창 창							槍	
脹	부를 창							脹	
漲	물많을 창							漲	
彰	밝을 창							彰	
愴	슬퍼할 창							愴	
娼	창녀 창							娼	
猖	미칠 창							猖	
悵	슬퍼할 창							悵	
瘡	부스럼 창							瘡	
菜	나물 채							菜	
採	캘 채							採	
彩	무늬 채							彩	
債	빚질 채							債	

채 ~ 척	고사성어	訂門一鍼(정문일치) : 정수리에 침을 놓는다는 말. 곧 간절하고 따끔한 충고를 이르는 말.

蔡	나라 채							蔡
采	캘 채							采
策	꾀 책							策
責	꾸짖을 책							責
册	책 책							册
栅	목책 책							栅
妻	아내 처							妻
凄	쓸쓸할 처							凄
悽	슬플 처							悽
處	곳 처							處
淒	찰 처							淒
悽	슬퍼할 처							悽
斥	내칠 척							斥
尺	자 척							尺
拓	넓힐 척							拓

척 ~ 천

 朝令暮改(조령모개) : 아침에 내린 영을 저녁에 고침. 곧 법령이나 명령을 자주 뒤바꿈을 이름.

戚	친척 척
擲	던질 척
陟	오를 척
剔	뼈바를 척
瘠	파리할 척
脊	등성마루 척
千	일천 천
天	하늘 천
川	내 천
泉	샘 천
遷	옮길 천
薦	드릴 천
淺	얕을 천
踐	밟을 천
賤	천할 천

천 ~ 첩

고사성어 朝三暮四(조삼모사) : 간사한 꾀로 남을 속여 희롱함을 이르는 말.

漢字	뜻 · 음								
阡	밭둑길 천								
哲	밝을 철								
鐵	쇠 철								
徹	관철할 철								
撤	걷을 철								
綴	잇대 철								
尖	뽀족할 첨								
添	더할 첨								
諂	아첨할 첨								
籤	꼬챙이 첨								
妾	첩 첩								
牒	편지 첩								
諜	염탐할 첩								
捷	빠를 첩								
帖	문서 첩								

청 ~ 초		고사성어	種豆得豆(종두득두) : 콩 심은 데 콩을 거둔다는 말로 원인에는 그에 따른 결과가 온다는 뜻.

青	푸를 청							
清	맑을 청							
晴	갤 청							
請	청할 청							
聽	들을 청							
廳	관청 청							
體	몸 체							
替	바꿀 체							
遞	우편 체							
滯	막힐 체							
逮	잡을 체							
締	맺을 체							
諦	살필 체							
超	넘을 초							
秒	초침 초							

초 ~ 촉

고사성어 — 坐井觀天(좌정관천) : 우물에 앉아 하늘을 봄. 곧 견문(見門)이 좁은 것을 가리키는 말.

初	처음 초
招	부를 초
抄	베낄 초
草	풀 초
礎	주춧돌 초
肖	같을 초
哨	보초설 초
硝	초석 초
焦	그을릴 초
楚	초나라 초
蕉	파초 초
峭	가파를 초
礁	암초 초
燭	촛불 촉
觸	닿을 촉

| 촉 ～ 최 | 고사성어 | 主客顚倒(주객전도) : 사물의 경중(輕重)·선후(先後), 주인 과 객의 차례 따위가 서로 뒤바뀜. |

促	재촉할 촉							
囑	부탁할 촉							
寸	마디 촌							
村	마을 촌							
銃	총 총							
聰	귀밝을 총							
總	거느릴 총							
塚	무덤 총							
叢	모을 총							
寵	사랑할 총							
摠	거느릴 총							
撮	사진찍을 촬							
最	가장 최							
催	재촉할 최							
崔	높을 최							

추 ~ 축	고사성어	走馬看山(주마간산) : 달리는 말 위에서 산천을 구경함. 곧 바쁘고 어수선하여 무슨 일이든지 스치듯 지나쳐서 봄.

追	쫓을　추	追					追
秋	가을　추	秋					秋
抽	뽑을　추	抽					抽
推	밀　추	推					推
醜	추할　추	醜					醜
椎	몽치　추	椎					椎
趨	달릴　추	趨					趨
錘	저울　추	錘					錘
樞	지도리　추	樞					樞
墜	떨어질　추	墜					墜
錐	송곳　추	錐					錐
祝	빌　축	祝					祝
丑	소　축	丑					丑
畜	가축　축	畜					畜
蓄	저축할　축	蓄					蓄

축 ~ 충	고사성어	酒池肉林(주지육림) : 술이 못을 이루고 고기가 숲을 이루었다는 뜻. 곧 호사스럽고 굉장한 술잔치를 두고 이르는 말.

築	쌓을 축	築						築
縮	줄 축	縮						縮
逐	쫓을 축	逐						逐
軸	굴대 축	軸						軸
蹙	찌푸릴 축	蹙						蹙
蹴	찰 축	蹴						蹴
春	봄 춘	春						春
椿	참나무 춘	椿						椿
出	날 출	出						出
黜	내칠 출	黜						黜
充	채울 충	充						充
忠	충성 충	忠						忠
衝	찌를 충	衝						衝
沖	화할 충	沖						沖
衷	정성 충	衷						衷

충 ~ 충

竹馬故友(죽마고우) : 어릴 때부터 같이 놀며 자란 벗.
衆寡不敵(중과부적) : 적은 수효가 많은 수효를 대적할 수 없다는 뜻.

한자	뜻	음
蟲	벌레	충
萃	모을	췌
取	취할	취
吹	불	취
臭	냄새	취
就	이룰	취
醉	취할	취
趣	취미	취
炊	불땔	취
脆	연할	취
娶	장가들	취
聚	모을	취
翠	푸를	취
側	곁	측
測	측량할	측

층 ～ 치	고사성어	知己之友(지기지우) : 서로 뜻이 통하는 친한 벗. 至緊至要(지긴지요) : 더할 나위 없이 긴요함.

惻	슬퍼할 측							惻
層	층 층							層
治	다스릴 치							治
致	이를 치							致
恥	부끄러울 치							恥
値	값 치							値
置	둘 치							置
稚	어릴 치							稚
齒	이 치							齒
緻	밸 치							緻
峙	산우뚝설 치							峙
幟	기 치							幟
熾	불타오를 치							熾
侈	사치할 치							侈
馳	달릴 치							馳

치 ~ 칭	고사성어	指鹿爲馬(지록위마) : 웃사람을 속이고 권세를 거리낌없이 제마음대로 휘두르는 것을 가리키는 말.

漢字	훈	음
雉	꿩	치
癡	어리석을	치
痔	치질	치
則	법칙	칙
勅	칙서	칙
親	친할	친
七	일곱	칠
漆	옷칠할	칠
沈	잠길	침
枕	베개	침
侵	범할	침
針	바늘	침
浸	적실	침
寢	잠잘	침
稱	일컬을	칭

쾌 ~ 탁

고사성어

支離滅裂(지리멸렬) : 순서없이 마구 뒤섞여 갈피를 잡을 수 없는 상태.

한자	훈	음
快	쾌할	쾌
他	다를	타
打	칠	타
妥	타협할	타
隳	떨어질	타
隋	떨어질	타
惰	게으를	타
橢	타원	타
駝	낙타	타
唾	침	타
托	맡길	탁
琢	다듬을	탁
濁	흐릴	탁
濯	빨	탁
擢	뽑을	탁

탁 ~ 탐

至誠感天(지성감천) : 지극한 정성에 하늘이 감동함.
知彼知己(지피지기) : 적의 내정(內情)과 나의 내정을 소상히 앎.

한자	훈·음							
卓	뛰어날 탁							
託	부탁할 탁							
鐸	방울 탁							
炭	숯 탄							
彈	탄환 탄							
歎	탄식할 탄							
憚	꺼릴 탄							
誕	태어날 탄							
嘆	탄식할 탄							
綻	옷터질 탄							
坦	평탄할 탄							
脱	벗을 탈							
奪	빼앗을 탈							
探	찾을 탐							
貪	탐낼 탐							

탐 ~ 태		고사성어	進退兩難(진퇴양란) : 나아갈 수도 물러설 수도 없는 궁지에 빠짐.

耽	즐길 탐							耽
眈	노려볼 탐							眈
塔	탑 탑							塔
搭	탈 탑							搭
湯	끓일 탕							湯
蕩	방탕할 탕							蕩
太	클 태							太
殆	위태할 태							殆
怠	게으를 태							怠
泰	클 태							泰
態	모양 태							態
胎	아이밸 태							胎
跆	태권도 태							跆
汰	씻을 태							汰
颱	거센바람 태							颱

태 ~ 통	고사성어	天高馬肥(천고마비) : 가을 하늘은 맑게 개어 높고 말은 살찐다는 뜻으로, 가을이 좋은 시절임을 이르는 말.

苔	이끼 태 가ㅅ兀一	苔						苔	
笞	볼기칠 태 ㅆ厶兀一	笞						笞	
宅	집 택 宀乙ㄴ	宅						宅	
澤	못 택 氵罒士丷丨	澤						澤	
擇	가릴 택 扌罒士丷丨	擇						擇	
撑	버틸 탱 扌ハ丷ゾ冖丨丿	撑						撑	
攄	펼 터 扌卢七罒心	攄						攄	
土	흙 토 一丨一	土						土	
吐	토할 토 口一丨一	吐						吐	
兎	토끼 토 勹丿口儿丶	兎						兎	
討	칠 토 訁寸一丶	討						討	
通	통할 통 マ用辶乀	通						通	
統	거느릴 통 糹云儿	統						統	
痛	아플 통 疒マ用丨	痛						痛	
桶	통 통 木マ用丨	桶						桶	

| 통 ~ 파 | 고사성어 | 天人共怒(천인공노) : 하늘과 사람이 함께 분노한다는 뜻으로, 도저히 용서못함의 비유. |

筒	통 통							筒	
退	물러날 퇴							退	
褪	바랠 퇴							褪	
堆	쌓을 퇴							堆	
頹	무너질 퇴							頹	
投	던질 투							投	
透	통할 투							透	
鬪	싸울 투							鬪	
妬	투기할 투							妬	
套	버릇 투							套	
偸	훔칠 투							偸	
特	특별할 특							特	
波	물결 파							波	
派	물갈래 파							派	
破	깨뜨릴 파							破	

파 ~ 패	고사성어	千載一遇(천재일우) : 천년에 한 번 만남. 곧 좀처럼 얻기 어려운 좋은 기회.

漢字	뜻·음							
頗	치우칠 파							
播	뿌릴 파							
罷	파할 파							
婆	할미 파							
把	잡을 파							
巴	땅이름 파							
芭	파초 파							
擺	해칠 파							
判	판단할 판							
板	널 판							
版	조각 판							
販	팔 판							
辦	힘쓸 판							
八	여덟 팔							
貝	조개 패							

패 ~ 편	고사성어	千篇一律(천편일률) : 많은 사물이 변화가 없이 모두 엇비슷한 현상.

敗	패할　　패							
牌	패　　　패							
佩	찰　　　패							
悖	거스를　패							
覇	으뜸갈　패							
彭	나라　　팽							
澎	물소리　팽							
膨	불룩해질 팽							
便	편할　　편							
片	조각　　편							
篇	책　　　편							
遍	두루　　편							
編	엮을　　편							
扁	작을　　편							
偏	치우칠　편							

편 ~ 포

 青雲萬里(청운만리) : 푸른 구름 일만 리. 곧 원대한 포부나 높은 이상을 이르는 말.

褊	좁을 편	褊						褊
騙	속일 편	騙						騙
鞭	채찍 편	鞭						鞭
平	평평할 평	平						平
坪	평수 평	坪						坪
評	평론할 평	評						評
閉	닫을 폐	閉						閉
肺	허파 폐	肺						肺
幣	화폐 폐	幣						幣
弊	폐단 폐	弊						弊
蔽	가릴 폐	蔽						蔽
廢	폐할 폐	廢						廢
敝	해질 폐	敝						敝
斃	죽을 폐	斃						斃
布	베 포	布						布

포 ~ 포	고사성어	**青出於藍(청출어람)** : 쪽에서 나온 푸른 물감이 쪽보다 더 푸르다는 뜻으로, 제자가 스승보다 낫다는 말. 出藍(출람)

包	쌀 포	包						包
抱	안을 포	抱						抱
胞	태 포	胞						胞
飽	배부를 포	飽						飽
泡	물거품 포	泡						泡
砲	대포 포	砲						砲
袍	두루마기 포	袍						袍
暴	사나울 포	暴						暴
浦	물가 포	浦						浦
捕	잡을 포	捕						捕
逋	도망갈 포	逋						逋
鋪	펼 포	鋪						鋪
怖	두려울 포	怖						怖
抛	던질 포	抛						抛
褒	기릴 포	褒						褒

포 ~ 표	고사성어	草錄同色(초록동색) : 풀의 푸른 빛은 서로 같음. 곧 같은 처지나 같은 유의 사람들은 서로 같은 처지나 같은 유의 사람들끼리 어울림을 이름.

葡	포도 포						葡	
炮	구울 포						炮	
庖	부엌 포						庖	
圃	남새밭 포						圃	
苞	꾸러미 포						苞	
蒲	부들 포						蒲	
咆	노할 포						咆	
爆	폭발할 폭						爆	
瀑	폭포 폭						瀑	
幅	넓이 폭						幅	
輻	바퀴살 폭						輻	
表	거죽 표						表	
票	표 표						票	
標	표할 표						標	
漂	뜰 표						漂	

표 ~ 피	고사성어	寸鐵殺人(촌철살인) : 작고 날카로운 쇠붙이로 살인을 한다는 뜻으로, 짤막한 경구(警句)로 사람의 마음을 찔러 감동시킴을 가리키는 말.

慓	빠를 표						
剽	빼앗을 표						
縹	청백색 표						
飄	나부낄 표						
瓢	표주박 표						
品	품수 품						
稟	여쭐 품						
豊	풍년 풍						
風	바람 풍						
楓	단풍 풍						
諷	외울 풍						
皮	가죽 피						
彼	저 피						
被	입을 피						
疲	고달플 피						

피 ~ 하	고사성어	忠言逆耳(충언역이) : 정성스럽고 바르게 하는 말은 귀에 거슬림.

避	피할 피	避						避
披	해칠 피	披						披
匹	짝 필	匹						匹
必	반드시 필	必						必
畢	마칠 필	畢						畢
筆	붓 필	筆						筆
弼	도울 필	弼						弼
乏	다할 핍	乏						乏
逼	핍박할 핍	逼						逼
下	아래 하	下						下
何	어찌 하	何						何
河	물 하	河						河
荷	멜 하	荷						荷
夏	여름 하	夏						夏
賀	하례 하	賀						賀

하 ~ 한	**고사성어**	七顚八起(칠전팔기) : 일곱 번 넘어지고 여덟 번 일어남. 곧 실패를 무릅쓰고 분투함을 이르는 말.

瑕	티 하							瑕	
學	배울 학							學	
鶴	학 학							鶴	
虐	사나울 학							虐	
謔	희롱할 학							謔	
汗	땀 한							汗	
旱	가물 한							旱	
恨	원한 한							恨	
限	한정 한							限	
寒	찰 한							寒	
閑	한가할 한							閑	
漢	한수 한							漢	
韓	나라 한							韓	
捍	막을 한							捍	
悍	사나울 한							悍	

한 ~ 합	고사성어	探花蜂蝶(탐화봉접) : 꽃을 찾아 다니는 벌과 나비라는 뜻에서, 여색에 빠지는 것을 가리키는 말.

扞	막을 한							
割	나눌 할							
轄	다스릴 할							
咸	다 함							
含	머금을 함							
函	상자 함							
陷	빠질 함							
喊	고함지를 함							
緘	봉할 함							
涵	젖을 함							
銜	재갈 함							
艦	싸움배 함							
頷	턱 함							
合	합할 합							
蛤	조개 합							

합 ~ 해	고사성어	布衣之交(포의지교) : 선비 시절에 사귄 벗. 表裏不同(표리부동) : 마음이 음흉하여 겉과 속이 다름.

盒	합 합
抗	항거할 항
恒	항상 항
巷	거리 항
港	항구 항
航	배 항
項	목 항
伉	짝 항
害	해칠 해
海	바다 해
亥	돼지 해
奚	어찌 해
解	풀 해
諧	화할 해
偕	함께 해

해 ~ 향

風前燈火(풍전등화) : 바람 앞에 켠 등불이란 뜻으로, 사물이 매우 위급한 자리에 놓여 있음을 가리키는 말.

該	해당할 해	該						該	
懈	게으를 해	懈						懈	
邂	만날 해	邂						邂	
咳	기침 해	咳						咳	
駭	놀랄 해	駭						駭	
孩	아이 해	孩						孩	
骸	뼈 해	骸						骸	
核	씨 핵	核						核	
劾	캐물을 핵	劾						劾	
行	갈 행	行						行	
幸	다행 행	幸						幸	
倖	요행 행	倖						倖	
向	향할 향	向						向	
享	누릴 향	享						享	
香	향기 향	香						香	

향 ~ 혁	고사성어	漢江投石(한강투석) : 한강에 돌 던지기. 곧 애써도 보람 없음을 이르는 말.

鄉	고을 향							鄉
響	울릴 향							響
饗	잔치 향							饗
許	허락할 허							許
虛	빌 허							虛
墟	터 허							墟
噓	탄식할 허							噓
憲	법 헌							憲
軒	추녀끝 헌							軒
獻	드릴 헌							獻
險	험할 험							險
驗	시험할 험							驗
革	가죽 혁							革
赫	붉을 혁							赫
嚇	꾸짖을 혁							嚇

현 ~ 협	고사성어	咸興差使(함흥차사) : 한번 가기만 하면 깜깜 소식이란 뜻으로, 심부름군이 가서 소식이 아주 없거나 회답이 더디 올 때에 쓰는 말.

現	나타날 현	現						現
玄	검을 현	玄						玄
弦	활시위 현	弦						弦
絃	악기줄 현	絃						絃
賢	어질 현	賢						賢
縣	고을 현	縣						縣
懸	매달 현	懸						懸
顯	나타날 현	顯						顯
炫	밝을 현	炫						炫
眩	어지러울 현	眩						眩
血	피 혈	血						血
穴	구멍 혈	穴						穴
嫌	의심할 혐	嫌						嫌
協	도울 협	協						協
脅	위협할 협	脅						脅

| 협 ~ 혜 | 고사성어 | 賢母良妻(현모양처) : 어진 어머니이면서 또한 착한 아내.
螢雪之功(형설지공) : 갖은 고생을 하며 학문을 닦은 보람. |

峽	골짜기 협								
挾	낄 협								
狹	좁을 협								
俠	호협할 협								
頰	뺨 협								
浹	두루 협								
兄	맏 형								
亨	형통할 형								
螢	반딧불 형								
刑	형벌 형								
形	형상 형								
型	틀 형								
衡	저울 형								
荊	가시 형								
惠	은혜 혜								

혜 ~ 호

고사성어 糊口之策(호구지책) : 가난한 살림에서 겨우 먹고 살아가는 방책.

한자	뜻·음							
兮	어조사 혜							
慧	지혜 혜							
彗	비 혜							
戶	집 호							
互	서로 호							
好	좋을 호							
乎	어조사 호							
呼	부를 호							
胡	오랑캐 호							
湖	호수 호							
虎	범 호							
毫	터럭 호							
豪	호걸 호							
浩	넓을 호							
護	보호할 호							

호 ~ 혼	고사성어	昏定晨省(혼정신성) : 밤에 잘 때에 부모의 침소에 가서 편히 주무시기를 여쭙고, 아침에 다시 가서 밤새의 안후를 살피는 일.

號	기호	호
琥	호박	호
瑚	산호	호
皓	하얀	호
縞	흰비단	호
糊	풀	호
壕	해자	호
壺	병	호
狐	여우	호
或	혹	혹
惑	의혹	혹
酷	혹독할	혹
昏	어두울	혼
婚	혼인할	혼
混	섞을	혼

혼 ~ 화	고사성어	畫龍點睛(화룡점정) : 옛날 명화가가 용을 그리고 눈을 그려 넣었더니 하늘로 올라갔다는 고사에서 나와, 사물의 긴요한 곳, 또는 일을 성취함을 이르는 말.

	훈·음							
魂	넋 혼							魂
渾	흐릴 혼							渾
忽	홀연 홀							忽
惚	황홀할 홀							惚
弘	클 홍							弘
洪	넓을 홍							洪
鴻	기러기 홍							鴻
紅	붉을 홍							紅
虹	무지개 홍							虹
火	불 화							火
化	될 화							化
花	꽃 화							花
貨	재물 화							貨
禾	벼 화							禾
和	화목할 화							和

화 ~ 환	고사성어	畫蛇添足(화사첨족) : 쓸데 없는 짓을 덧붙여 하다가 도리어 실패함을 가리키는 말. 蛇足(사족)

華	빛날 화							
話	말씀 화							
禍	재화 화							
畫	그림 화							
樺	자작나무 화							
譁	지껄일 화							
靴	신 화							
確	확실할 확							
擴	늘릴 확							
穫	거둘 확							
丸	알 환							
患	근심 환							
環	고리 환							
還	돌아올 환							
歡	기쁠 환							

환 ~ 황	고사성어	畫中之餅(화중지병) : 그림의 떡. 곧 실속 없는 일에 비유하는 말.

換	바꿀 환						
喚	부를 환						
煥	불빛 환						
幻	허깨비 환						
宦	벼슬 환						
驩	기뻐할 환						
活	살 활						
闊	넓을 활						
猾	교활할 활						
滑	미끄러울 활						
豁	소통할 활						
況	하물며 황						
荒	거칠 황						
黃	누를 황						
皇	임금 황						

| 황 ~ 회 | 고사성어 | 虛心坦懷(허심탄회) : 마음 속에 아무런 사념없이 품은 생각을 터놓고 말함. |

凰	봉황새 황							
恍	황홀할 황							
慌	다급할 황							
惶	두려울 황							
煌	빛날 황							
徨	거닐 황							
遑	급할 황							
回	돌아올 회							
廻	돌 회							
灰	재 회							
會	모을 회							
悔	뉘우칠 회							
懷	품을 회							
繪	그림 회							
賄	뇌물 회							

회 ~ 효	고사성어	換骨奪胎(환골탈태) : 딴 사람이 된 듯이 용모가 환하게 트이고 아름다와짐.

徊	배회할 회						徊	
蛔	거위 회						蛔	
膾	회칠 회						膾	
晦	그믐 회						晦	
恢	클 회						恢	
劃	그을 획						劃	
獲	얻을 획						獲	
橫	가로 횡						橫	
孝	효도 효						孝	
效	본받을 효						效	
曉	새벽 효						曉	
酵	술괼 효						酵	
嚆	울 효						嚆	
肴	안주 효						肴	
哮	성낼 효						哮	

효 ~ 휘	고사성어	患難相救(환난상구) : 근심이나 재앙을 서로 구하여 줌. 荒唐無稽(황당무계) : 말이 근거가 없고 허황함을 이르는 말.

驍	날랠 효	驍						驍	
侯	제후 후	侯						侯	
候	날씨 후	候						候	
喉	목구멍 후	喉						喉	
厚	두터울 후	厚						厚	
後	뒤 후	後						後	
朽	썩을 후	朽						朽	
嗅	냄새맡을 후	嗅						嗅	
后	뒤 후	后						后	
逅	만날 후	逅						逅	
猴	원숭이 후	猴						猴	
訓	가르칠 훈	訓						訓	
勳	공 훈	勳						勳	
薰	향기 훈	薰						薰	
毁	헐 훼	毁						毁	

휘 ~ 흡	고사성어	橫說竪說(횡설수설) : 이치에 맞지 않는 말이나 두서없는 말을 아무렇게 지껄임.

揮	휘두를 휘	揮					揮	
輝	빛날 휘	輝					輝	
彙	무리 휘	彙					彙	
暉	빛 휘	暉					暉	
休	쉴 휴	休					休	
携	이끌 휴	携					携	
凶	흉할 흉	凶					凶	
兇	흉악할 흉	兇					兇	
胸	가슴 흉	胸					胸	
黑	검을 흑	黑					黑	
痕	흔적 흔	痕					痕	
欣	기뻐할 흔	欣					欣	
欠	하품 흠	欠					欠	
欽	공경할 흠	欽					欽	
吸	들이쉴 흡	吸					吸	

흡 ~ 희

고사성어

興盡悲來(흥진비래) : 즐거운 일이 다하면 슬픈 일이 옴. 곧 세상 일은 돌고 돌아 순환됨을 이르는 말.

恰	흡사할 흡						恰	
洽	젖을 흡						洽	
興	일어날 흥						興	
希	바랄 희						希	
稀	드물 희						稀	
喜	기쁠 희						喜	
噫	탄식할 희						噫	
姬	계집 희						姬	
熙	빛날 희						熙	
嬉	즐길 희						嬉	
嘻	탄식할 희						嘻	
戲	희롱할 희						戲	
犧	희생할 희						犧	
詰	힐난할 힐						詰	
黠	약을 힐						黠	

약자 · 속자 일람표 (1)

본자	약자 속자	뜻과 음		본자	약자 속자	뜻과 음		본자	약자 속자	뜻과 음	
價	価	값	가	國	国	나라	국	兩	両	두	량
假	仮	거짓	가	權	权	권세	권	勵	励	힘쓸	려
覺	覚	깨달을	각	勸	勧	권할	권	歷	厂	지날	력
擧	挙	들	거	歸	帰	돌아올	귀	聯	联	잇닿을	련
據	拠	의지할	거	氣	気	기운	기	戀	恋	사모할	련
劍	剣	칼	검	寧	寧	편안할	녕	靈	灵	신령	령
檢	検	검사할	검	單	単	홑	단	禮	礼	예	례
輕	軽	가벼울	경	斷	断	끊을	단	勞	労	수고로울	로
經	経	글	경	團	団	모임	단	爐	炉	화로	로
繼	継	이을	계	擔	担	멜	담	屢	屡	자주	루
觀	観	볼	관	當	当	마땅할	당	樓	楼	다락	루
關	関	빗장	관	黨	党	무리	당	離	难	떠날	리
館	舘	집	관	對	対	대답할	대	萬	万	일만	만
廣	広	넓을	광	圖	図	그림	도	蠻	蛮	오랑캐	만
鑛	鉱	쇳돌	광	讀	読	읽을	독	賣	売	팔	매
舊	旧	오랠	구	獨	独	홀로	독	麥	麦	보리	맥
龜	亀	거북	귀	樂	楽	즐길	락	靣	面	낯	면
區	区	구역	구	亂	乱	어지러울	란	發	発	필	발
驅	駆	몰	구	覽	覧	볼	람	拜	拝	절	배
鷗	鴎	갈매기	구	來	来	올	래	變	変	변할	변

약자 · 속자 일람표(2)

본자	약자속자	뜻과 음		본자	약자속자	뜻과 음		본자	약자속자	뜻과 음	
邊	辺	가	변	亞	亜	버금	아	轉	転	구를	전
竝	並	아우를	병	惡	悪	악할	악	傳	伝	전할	전
寶	宝	보배	보	巖	岩	바위	암	點	点	점	점
簿	笿	문서	부	壓	圧	누를	압	齊	斉	가지런할	제
拂	払	떨칠	불	藥	薬	약	약	濟	済	건널	제
寫	写	베낄	사	嚴	厳	엄할	엄	卽	即	곧	즉
辭	辞	말	사	與	与	줄	여	證	証	증거	증
狀	状	모양	상	譯	訳	통변할	역	參	参	참여할	참
雙	双	쌍	쌍	驛	駅	역	역	處	処	곳	처
敍	叙	펼	서	鹽	塩	소금	염	鐵	鉄	쇠	철
選	迲	가릴	선	營	営	영화로울	영	廳	庁	관청	청
續	続	이을	속	藝	芸	재주	예	體	体	몸	체
屬	属	붙을	속	譽	誉	기릴	예	齒	歯	이	치
壽	寿	목숨	수	爲	為	할	위	廢	廃	폐할	폐
數	数	수	수	應	応	응할	응	豐	豊	풍년	풍
獸	獣	짐승	수	醫	医	의원	의	學	学	배울	학
濕	湿	젖을	습	貳	弐	두	이	號	号	이름	호
乘	乗	탈	승	壹	壱	하나	일	畫	画	그림	화
實	実	열매	실	殘	残	남을	잔	歡	歓	기쁠	환
兒	児	아이	아	蠶	蚕	누에	잠	會	会	모을	회

漢字 숫자쓰기

一	二	三	四	五	六	七	八	九	十
한 일	두 이	석 삼	넉 사	다섯 오	여섯 륙	일곱 칠	여덟 팔	아홉 구	열 십

壹	貳	參	拾	百	千	萬	億	金	整
한 일	두 이	석 삼	열 십	일백 백	일천 천	일만 만	억 억	쇠 금	정돈 정